리지웨이, 대한민국을 구한 지휘관

리지웨이,
대한민국을 구한
지휘관

복거일 지음

백년동안

묘비에 쓰지 마시오 슬픔의 말을
삶에 한껏 요구했던 우리가
또한 그것을 줄 줄 알았다는
당연한 즐거움만을.

Write on the stone no word of sadness
Only the gladness due,
That we, who asked the most of living,
Knew how to give it too.

프랭크 톰슨(Frank Thompson),
「내 친구들을 위한 비명 An Epitaph for My Friends」 중에서

차 례

서언

6.25전쟁에서 아군의 주역은 맥아더(Douglas MacArthur) 원수와 리지웨이(Matthew Bunker Ridgway) 장군이었다. 이 두 영웅 덕분에 대한민국은 확실한 멸망 바로 앞에서 살아났다. 그러나 지금 우리는 그들에게 고마워하지 않는다. 맥아더는 칭찬과 비난을 여전히 동시에 받으니 잊히지는 않았다. 그러나 리지웨이는 완전히 잊혔다. 그는 '잊힌 전쟁'의 '잊힌 영웅'이다. 그래서 리지웨이의 전기를 쓰는 것은 비록 그것이 작은 책자에 지나지 않더라도 보람이 큰 일이다.

그러나 나는 이 전기를 리지웨이의 모습과 행적을 그리는 데 전적으로 바치지 않았다. 그를 통해서 6.25전쟁을 살피는 데 오히려 마음을 썼다. 그의 눈길과 걸음을 따라가는 것은 6.25전쟁을 조망하는

데 무척 좋다는 것을 깨달았기 때문이다.

6.25전쟁이 워낙 큰 사건이었으므로 그것을 제대로 살피기는 쉽지 않다. 비록 북한의 한국 침공으로 시작되었고 한반도에 국한되었지만, 그것은 스물이 넘는 나라들이 가담한 국제전이었고 3년 넘게 이어졌다. 그 전쟁에서 국제연합군은 40만 명이 넘는 사상자를 냈고 공산군 사상자는 200만 명으로 추산된다. 그 전쟁의 영향으로 300만 명의 북한 주민들과 50만 명의 한국 시민들이 죽었다. 실제로 그것은 제2차 세계대전 이후 가장 큰 전쟁이었다.

1950년 6월 25일 전력이 압도적으로 우세한 북한군의 기습을 받아 한국군은 3일 만에 완전히 무너졌다. 빠르게 한국을 구원한 미군의 반격에 북한군은 3개월 만에 무너졌다. 그 뒤로 공식적으로 '한국전쟁(Korean War)'이라 불린 6.25전쟁은 미군과 중공군 사이의 싸움이 되었다. 한국군과 북한군은 각기 미군과 중공군을 돕는 처지가 되었다.

자연히 6.25전쟁을 제대로 살피고 전반적 상황을 조망하려면 미군이나 중공군 지휘관의 입장에 서서 살피는 것이 긴요하다. 그러나 중공군은 북한군이 패퇴한 뒤에 참전해서 전쟁의 초기 상황과는 직접적인 관련이 없었다. 미군 지휘관으로는 맥아더와 리지웨이가 좋은 조망을 제공하는데 맥아더는 중공군의 개입 이후엔 실질적으로 국제연합군을 지휘하지 않았다. 반면에 리지웨이는 중공군의 기습에 제대로 대응하지 못하고 패주하던 아군을 추슬러서 중공군의 남진을 막아냈고 휴전 협상을 주도했다. 그래서 그는 전쟁에 대해 좋은 조망을 제공한다.

우리 사회엔 6.25전쟁을 다룬 저서들이 그것의 중요성에 비해 너무 적다. 일반인들을 위한 저서들은 더욱 드물다. 게다가 그동안 북한으로 기우는 지식인들은 북한의 침입으로 전쟁이 시작되었다는 사실을 감추거나 왜곡하려고 시도해서 우리 사회에선 그 전쟁의 과정보다 오히려 기원에 대한 논의가 많았다. 우리가 잊은 은인에 관한 이 작은 전기가 시간에 쫓기는 일반인들에게 6.25전쟁을 이해하는 단서 하나가 되기를 희망한다.

2014년 봄, 복거일

1부

6.25전쟁의 기원과 인천 상륙작전

1장

사령관

1950년 12월 22일 밤. 리지웨이는 워싱턴의 친구 집에서 저녁 식사를 마치고 느긋하게 술을 즐기고 있었다. 육군 중장인 그는 미국 육군성 참모부에서 작전 및 행정을 담당한 부참모장으로 근무하고 있었다. 그곳에서 그는 육군 참모총장 콜린스(J. Lawton Collins) 대장의 전화를 받았다. 워커(Walton Walker) 중장이 교통사고로 사망했다는 얘기였다. 워커 장군은 당시 한국에서 미8군 사령관으로 복무하면서 실질적으로 국제연합군을 지휘하던 터였다. 국제연합군 총사령관 맥아더 원수가 리지웨이를 대기 후임자(standby selection)로 이미 오래전에 결정했으니 즉시 부임하라고 콜린스는 말했다. 워커 장군의 죽음도 뜻밖이었지만 맥아더가 자신을 대기 후임자로 선택한 줄

몰랐던 터라 리지웨이로서는 갑작스럽게 중책을 맡게 된 것이었다.

12월 25일 밤늦게 리지웨이는 도쿄의 하네다 공항에 닿았다. 이튿날 아침 그는 다이이치 빌딩의 국제연합군 최고사령부에서 맥아더를 만났다. 그는 소위 시절에 웨스트포인트의 육군사관학교에서 교관으로 일했는데 당시 교장이 맥아더였다.

당시 한반도의 상황은 무척 혼란스럽고 어두웠다. 미군 지휘관들은 갑작스럽게 밀어닥친 중공군에 대응할 전략도 전술도 마련하지 못했고 미군이 주력인 국제연합군은 방어작전다운 방어작전을 펼치지 못한 채 그저 남쪽으로 밀려나고 있었다. 한국군은 중공군에 대한 공포에 질려서 중공군과의 싸움을 시작하기도 전에 부대들이 무너지는 형편이었다.

맥아더는 이런 상황이 트루먼(Harry S. Truman) 미국 대통령의 잘못된 견해에서 나왔다는 자신의 생각을 리지웨이에게 밝혔다. 중공군의 참전은 전혀 새로운 전쟁을 뜻하는데 미국 정부가 외교적 해결을 선호하면서 군사적으로 적절한 정책을 마련하지 못하고 있다는 얘기였다. 맥아더는 그런 상황을 "임무 공백(Mission Vacuum)"이란 말로 묘사했다. 그리고 "군사적 성공은 우리의 외교를 강화시킬 것"이라고 말했다.

맥아더는 중공군의 능력과 기동 방식에 대해 리지웨이에게 설명한 다음 자신의 최대 목표는 "남한의 보전과 안전을 가능하게 할 만한 패배를 중공군에게 안기는 것"이라고 말했다. 그는 "자네 자신의 의견을 갖추게. 자네 자신의 판단을 따르게. 나는 자네를 믿겠네. 나는 자네를 완전히 믿네"라는 말로 리지웨이에 대한 당부를 마쳤다.

리지웨이는 맥아더에게 궁금한 점들을 물었다. 먼저, 소련이 참전하면 어떻게 하느냐는 문제가 있었다. 그럴 경우엔 미군을 모두 일본으로 철수시키겠다고 맥아더는 확언했다. 다음은 중공군이 더 남쪽으로 내려올 경우 남한 사람들이 공산군 쪽으로 붙을 위험에 대한 것이었다. 맥아더는 그럴 위험이 있지만 당장은 없다고 말했다.

마지막으로 리지웨이는 물었다.

"만일 제가 좋아하는 상황이 나오면 제가 공격하는 데 대해서 반대하시겠습니까?"

맥아더는 선뜻 대꾸했다.

"8군은 자네 것이네, 매튜. 자네가 가장 좋은 방안이라고 생각하는 것을 하게."

이어 리지웨이는 최고사령부의 참모들로부터 필요한 정보들을 얻었다. 그리고 하네다 공항에서 비행기에 올라 오후 4시에 대구 비행장에 내렸다.

1950년 12월 25일 리지웨이가 한국에 부임해서 전선을 시찰했을 때 그가 본 것은 목적을 잃은 군대였다. 미군 병사들은 자신들이 조국에서 멀고 낯선 땅에서 무엇을 위해 싸우는지 알지 못했다. 조국이 공격받은 제2차 세계대전과는 달리 '한국전쟁'은 그저 비참한 전쟁에 지나지 않았다.

리지웨이는 미군 병사들에게 목적의식을 불어넣는 것이 무엇보다도 급하다고 판단했다. 그는 바로 미군 병사들에게 6.25전쟁의 뜻을 설명하는 성명서 「왜 우리가 여기 있는가? 무엇을 위해서 우리는 싸우는가?(Why Are We Here? What Are We Fighting For?)」를 발표했다.

아울러 그는 한국 정부와 군대를 서둘러 안심시켜야 할 필요를 느꼈다. 한국 사람들도 한국이 미국에 그리 중요하지 않다는 사실을 인식하고 있었기 때문이다.

"나는 우리의 한국 동맹자들에게 우리가 갑자기 철수해서 그들이 홀로 공산주의자들과 맞서도록 버려두지 않으리라고 안심시킬 길을 찾아야 했다. 나는 그런 사태가 대규모 학살을 뜻하며 만일 자신이 공산당의 지배 아래 살아가도록 버려지리라고 믿을 어떤 까닭이 있다면 어떤 한국 사람이 변절을 생각한다고 해도 나로선 그를 비난할 수 없다는 것을 알았다."

—리지웨이, 『한국전쟁(The Korean War)』

실제로 중국의 국공내전(國共內戰)에서 많은 국민당 군대가 항복해서 공산군에 편입되었고 한국에 침입한 병력의 다수가 원래는 국민당 군대에 속했다. 리지웨이로선 미국의 의지에 회의적인 한국군 부대들이 공산군에 투항하는 사태를 걱정하지 않을 수 없었다.

한국이 미국의 의지에 대해 의구심을 가질 근거도 충분했다. 중공군의 개입이라는 새로운 상황을 맞아 맥아더는 미군 합동참모본부에 작전 지침을 요청했다. 그가 받은 지침에는 그의 기본적 임무가 '일본의 보호'이고 아주 어려운 상황에선 일본으로 철수하라는 명령이 담겼다. 미국은 일본을 지킬 마음이 굳었지만 전략적 가치가 작다고 판단된 한국은 사태가 불리해지면 언제라도 버릴 생각이었다.

그래서 리지웨이는 이승만 대통령을 처음 만난 자리에서 "대통령 각하, 나는 당신을 만나 기쁘고 이 자리에 서게 되어 기쁘며 나는 여기 머물 생각입니다(I'm glad to see you, Mr. President, glad to be here, and I mean to stay)."라고 인사했다. 그제야 굳었던 이 대통령의 얼굴이 밝아졌다고 그는 회고했다. 이어 그는 한국군 참모총장 정일권 장군에게 보낸 편지에서 "우리 통합된 연합군에겐 오직 하나의 공통된 운명만이 있습니다."라고 밝혔다.

2장

6.25전쟁의 기원

1945년 8월 제2차 세계대전에서 일본이 패망하자 미국과 소련은 북위 38도선을 경계로 한반도를 분할 점령했다. 미국과 소련이 이미 적대적 관계에 있었으므로 한반도의 정세는 줄곧 험악했다. 특히 1948년 남북한에 각기 대한민국과 조선민주주의인민공화국이 서자 남북한 사이의 관계는 적대적이 되었다. 북한의 공산주의 정권은 처음부터 남한을 무력으로 점령하려 했다. 공산주의나 민족사회주의(national socialism)와 같은 전체주의는 끊임없이 외부로 팽창하려는 속성을 지녔다. 그런 팽창을 멈추면 전체주의 체제는 운동량을 잃고 쇠퇴한다. 그런 관점에서 살피면 북한에 공산주의 정권이 들어섰을 때 국제적으로 한국전쟁(Korean War)이라 불리는 6.25전쟁은 거의 필연적이 된 셈이다.

1949년 중국의 국공내전에서 마오쩌둥(毛澤東)이 이끈 공산군이 장제스(蔣介石)가 이끈 국민당군에 이겨 중국 대륙을 차지한 일은 북한의 남침 기도를 현실적으로 만들었다. 북한은 배후에 우호적 정권을 지니게 되었을 뿐 아니라 중공군의 조선족 병사들을 중심으로 큰 군대를 만들 수 있게 되었다. 실제로 마오쩌둥 주석은 중국이 동아시아의 공산주의 혁명을 이끌어야 한다고 믿고 베트남과 한반도의 공산주의 세력을 적극적으로 지원하기 시작했다.

6.25전쟁이 일어난 1950년엔 이미 냉전이 치열해졌다. 유럽에서 소련의 팽창 정책이 미국과 서유럽 여러 나라들의 성공적 대응으로 막히자 소련 지도자 스탈린(Joseph Stalin)은 동아시아에서 돌파구를 찾으려 했다. 그래서 스탈린은 북한 지도자 김일성과 마오쩌둥의 야심을 부추겼다. 6.25전쟁은 이들 세 공산주의 지도자들의 합작품이었다.

한국을 무력으로 점령하려는 계획이 세워지자 북한은 서둘러 북한군의 능력을 증강하기 시작했다. 이 일에서 북한은 소련과 중국의 적극적 지원을 받았다.

소련은 군사 고문들을 통해 북한군의 훈련을 지도했고 최신 무기들을 제공했다. 당시 북한군을 도운 소련 군사 고문들은 약 3,000명이었는데 소련군 대좌가 북한군 보병 사단장의 고문이었다. 자연히 북한군은 소련군의 교리를 충실히 따랐다.

소련은 많은 신형 무기들을 북한군에 제공했다. 그런 무기들 가운데 가장 위력적인 것은 전차였다. 미군 정보부대가 북한의 침공 3주 뒤에 비로소 정체를 파악한 이 전차는 소련이 제2차 세계대전 말기에 표준형으로 채택한 T34 중형 전차였다. 85밀리 포와 기관총 2정을 장착한 이 전차는 무게가 32톤이며 자세가 낮았고 두꺼운 장갑판들로 보호되었다. 이 전차는 장갑이 뛰어나서 당시 미군 보병이 보유했던 표준 대전차 무기인 2.36인치 로켓포로 막을 수 없었다.

개전 당시 북한군은 150대가량의 T34 전차를 보유했다. 전차 120대와 6,000명의 병력으로 이루어진 105전차여단은 전쟁 초기 서울 점령에 크게 기여해서 보병 3사단 및 4사단과 함께 '서울 사단'이라는 명예칭호를 얻었고 사단으로 승격했다. 아울러 30여 대의 전차로 이루어진 전차 연대가 동부 지역에서 활동했다.

소련은 북한 공군의 육성에도 힘을 쏟아 각종 항공기 180대를 북한군에 제공했다. YAK 전투기 40대, YAK 훈련기 60대, 공격폭격기 70대 그리고 정찰기 10대를 보유한 북한 공군은 변변한 항공기를 갖추지 못한 한국 공군을 이내 압도했다.

중국은 조선족 병사들을 북한에 제공해서 북한군의 증강을 도왔다. 1950년 6월 북한군이 한국을 침입했을 때 중공군 출신 조선인 병사들은 북한군의 3분의 1가량 되었다. 국공내전을 치른 그들은 북한군의 놀랄 만한 전투력의 원천이었다. 그들은 뿔뿔이 북한에 들어온 것이 아니라 조직적으로 북한군에 편입되었다. 북한군 5사단, 6사단 및 7사단은 아예 중국에서 편성되어 뒤에 이름만 북한군 편제를 따랐다.

반면에 한국군의 전력은 아주 허약했다. 당시 미국은 재정적 부담과 전략의 수정으로 감군을 적극적으로 추진하고 있었다. 한국의 전략적 가치를 높게 보지도 않았다. 1947년에 미군 합동참모본부는 국무장관 애치슨(Dean Acheson)에게 한국에 관한 「비망록」을 보냈는데 그 문서에 "군사적 안보의 관점에서는 현재 한국에 주둔한 병력과 기지들을 유지해서 미국이 얻을 전략적 이익이 거의 없다고 합동참모본부는 여긴다."라고 기술했다. '미국의 서태평양 방어선은 알류샨 열도, 일본, 류큐 열도, 필리핀으로 이어지는 선이며 타이완과 한국은 방위선 밖에 있다.'는 애치슨의 1950년 1월 12일 선언은 그런 견해에 바탕을 둔 것이다. 그래서 미국은 1949년 6월 한국에 주둔한 미군을 모두 거둬들이고 482명의 군사 고문들로 이루어진 주한미군

군사고문단(United States Military Advisory Group to the Republic of Korea; KMAG)만을 남겨놓았다.

미국은 한국이 치안에 필요한 최소한의 군대만을 갖추도록 했다. 그래서 야포나 전차와 같은 무기들을 제공하는 것을 꺼렸다. 이름도 '군(army)' 대신 '경비대(constabulary)'라고 붙였다. 대한민국이 서면서 명칭은 국군으로 바뀌었지만 한국군의 전력은 여전히 치안을 맡은 경비대의 수준에 머물렀다.

그래서 지상군은 소수의 장갑차들을 지녔고 전차는 전혀 갖추지 못했다. 특히 치명적이었던 것은 북한군의 최신형 전차를 막을 대전차무기를 전혀 지니지 못했다는 점이었다. 대전차지뢰조차 없어서 북한군 전차에 대한 방어진지를 구축할 수 없었다. 공군은 12대의 연락기들과 10대의 훈련기만을 지녀서 많은 전투기들과 폭격기들을 지닌 북한군 공군과 맞설 수 없었다.

한국군은 훈련도 크게 미흡했다. 개전 당시 한국군 부대들은 대부분 중대 단위 훈련을 마쳤고 대대 단위 훈련을 시작한 참이었다. 그래서 한국군은 국공내전에서 단련되고 오랫동안 훈련을 받은 북한군보다 훈련에서도 크게 열세였다.

한국을 침공했을 때 북한군은 육군 18만 2,680명, 해군 4,700명, 공군 2,000명의 병력을 보유했다. 당시 한국군은 육군 9만 4,974명,

해군 7,715명, 공군 1,897명의 병력을 보유했다. 무기와 훈련 상태를 고려하지 않더라도 두 군대는 병력에서 이미 큰 차이가 났다.

병력 배치에서도 한국군은 크게 불리했다. 남침 당시 북한군은 온 병력을 전선에 배치했다. 북한은 병력을 2개 군단으로 편성했는데 김웅(金雄) 중장이 지휘한 1군단은 1사단, 3사단, 4사단, 6사단으로 이루어졌고 김광협(金光俠) 소장이 지휘한 2군단은 2사단, 5사단, 7사단으로 이루어졌다. 1군단은 전선의 서쪽을 맡았고 2군단은 동쪽을 맡았다.

당시 전방의 한국군은 서쪽부터 옹진반도의 수도사단 17연대, 개성 방면의 1사단, 의정부 방면의 7사단, 춘천 방면의 6사단, 동해안 지구의 8사단 순으로 배치되어 있었다. 나머지 4개 사단들 가운데 수도사단은 서울에 있었고 2사단은 청주에, 3사단은 대구에 그리고 5사단은 광주에 있었다.

즉 한국군은 3분의 1이 넘는 병력을 한강 이남에 배치했고 이들 병력은 결정적으로 중요한 초기 전투에 가담할 수 없었다. 자연히 전방 사단들은 병력에 비해 너무 넓은 전투 정면을 맡았다. 이런 비합리적 병력 배치는 후방에서 공비들이 대대적으로 활동했기 때문이다. 한국 내부에서 공비들이 그렇게 위협적으로 활동한 것은 물론 우연이 아니라 한국군의 분산을 노린 북한군의 전략에 따른 것이었다.

게다가 한국군 내부엔 많은 공산주의자들이 있어서 응집력이 무척 약했다. 1948년 10월엔 '여수순천반란사건'이 일어났다. 1948년 4월 3일 제주도에서 공산주의자들이 대한민국의 수립을 위한 총선거를 방해하려고 폭동을 일으켰는데, 진압군으로 제주도에 투입될 예정이었던 14연대에서 내부로 침투한 공산주의자들이 선동해서 반란이 일어난 것이었다.

이 반란을 진압하자 한국군은 내부의 공산주의자들을 찾아내는 '숙군(肅軍)'을 단행했다. 자연히 한국군의 전력을 향상시키려는 계획은 제대로 시행되지 못했다.

전력이 북한군에 크게 뒤진 한국군은 전쟁이 일어나기 직전에 나온 사소하지만 치명적인 실수 둘로 전력이 더욱 약해졌다. 하나는 부대 지휘관들을 교체한 것이었다. 그래서 사단장들은 자기 부대의 요원들도 제대로 알지 못하고 작전 지역도 낯선 상태에서 부대를 지휘해야 했다.

다른 하나는 많은 장병들이 휴가를 간 것이었다. 북한군의 범상치 않은 움직임이 감지되자 한국군은 6월 들어 줄곧 비상 상태를 유지했고 장병들은 외출과 외박이 금지된 채 부대 안에서 지냈다. 오래

지속된 영내 근무의 부작용을 걱정한 육군 본부에선 6월 24일에 외출과 외박을 허용했다. 그래서 이튿날 새벽 북한군이 침공을 시작했을 때 한국군의 전방 부대들에선 많은 장병들이 부대 밖에 있었다.

3장
한국군의 붕괴

사정이 그러했으므로 한국전쟁은 시작되기도 전에 결판이 난 싸움이었다. 적어도 북한의 정권과 군부는 그렇게 믿었다. 그들은 북한군의 1일 진격 속도를 10킬로미터로 잡고 50일 안에 부산을 점령한다는 계획을 세웠다. 해방 5주년이 되는 1950년 8월 15일에 군사 작전을 종료함으로써 적화통일(赤化統一)의 정치적 효과를 극대화하려는 속셈도 있었다. 그렇게 자신이 있었으므로 김일성은 미국의 개입을 걱정하는 스탈린에게 "미군이 한반도에 상륙하기 전에 남한을 다 점령할 수 있다."고 장담했다. "혹시 미국이 개입할지 모르니 만주의 국경에 중공군 3개 군을 배치하겠다."는 마오쩌둥의 제안도 김일성은 사양했다.

실제로 6월 25일 새벽, 북한군이 38선 전역에서 일제히 침공하자 한국군은 이내 무너졌다. 특히 전차를 앞세운 북한군의 빠른 진출에 대항할 전술을 찾지 못했다. 결사대를 모집해서 화염병과 수류탄으로 적군 전차를 격파하는 시도들도 나왔지만 그렇게 용감한 대응은 오히려 부대의 중심적 인적 자원을 빨리 소모시켜서 부대의 붕괴를 재촉했다.

"나는 전쟁의 첫 며칠 동안 적군의 기갑부대로부터 도망친, 경험 없는 한국군 병사들을 결코 비난할 수 없었다. 포는 연기를 내면서 바로 당신 머리를 겨냥한 것처럼 보이고 당신을 따라잡아서 파멸시키기 위해 모든 장애들을 뚫고 굉음을 내면서 닥치는 적군 전차보다 처음 보았을 때 더 괴물 같고 더 위협적인 것들은 드물다. 나는 보았다. 전차들이 굉음을 내면서 달려오면 미군 병사들이 소총을 내던지고 숲 속으로 도망치는 것을 – 아군 지역에서 공포탄만으로 무장한 전차들과 함께 하는 '기동'에서."

–리지웨이, 『한국전쟁』

모든 면에서 그렇게 크게 열세이었으므로 개전 3일 만에 한국군은 조직적 전투가 불가능한 상태가 되었고 수도 서울을 적군에게 넘겨주었다. 게다가 한강교를 선불리 일찍 폭파한 탓으로 서부 전선의 국군 부대들은 조직적 철수를 포기하고 중화기들과 차량들을 버린 채 뿔뿔이 한강을 건너야 했다. 초기 전투에서 큰 손실을 입지 않고 물러난 1사단이 중화기들을 다 버리고 나룻배로 한강을 건넌 것은 아군으로선 특히 아픈 손실이었다.

그러나 북한 지도부가 예상치 못한 요소 둘이 그들의 계산을 어그러뜨렸다. 하나는 한국군의 선전이었다. 병력도 부족하고 대전차무기가 전혀 없어서 방어선을 제대로 칠 수도 없는 처지였지만 한국군은 적군의 진출을 더디게 해서 시간을 벌었다.

서울이 북한군에게 함락되자 육군 본부는 한강에서 적군을 막으려 시도했다. 시흥지구 전투사령부가 새로 만들어지고, 김홍일 소장이 사령관이 되었다. 김 사령관은 수도, 1, 2, 3, 5, 7사단의 잔여 병력들을 모아 한강 남안을 지키는 방어선을 만들었다.

다행스럽게도 중동부 전선을 맡은 6사단은 침공한 북한군을 격파하고 남쪽으로의 진출을 3일 동안 막았다. 6사단의 이런 분전은 적군의 작전 계획을 어그러뜨려서 한국군은 적군에게 포위될 위험에서 벗어날 수 있었다.

북한군이 침공하기 직전 다른 지휘관들과는 달리 6사단장 김종오 대령은 상황의 심각성을 고려해서 여전히 외출과 외박을 금지했다. 이 신중한 조치는 당시 6사단에 파견된 KMAG 고문 맥페일(Thomas

D. McPhail) 중령의 건의에 따른 것이었다. 맥페일 중령은 자신이 직접 뽑아 훈련시킨 정보 부대를 38선 너머로 침투시켜서 북한군의 움직임을 잘 알고 있었다. 아울러 그는 김종오 사단장에게 집약적 훈련 계획을 건의해서 실행하고 있었다. 특히 야포들의 사격 훈련을 실시했고 화집점들을 설정해서 신속한 사격이 가능하도록 했으며 야포 진지들을 강화했다.

6사단은 예하 7연대를 왼쪽에 배치하여 춘천 지역을 지키고 2연대를 오른쪽에 배치하여 인제와 홍천 사이의 도로를 차단하고 있었다. 19연대는 예비 부대로 사단 본부가 있는 원주에 머물렀다.

이 지역을 담당한 북한군 2군단의 작전 계획은 예하 2사단을 춘천 지역에 투입하여 개전 당일에 춘천을 점령하고 7사단을 인제와 홍천 사이의 도로로 진출시켜 한국군 6사단 주력의 퇴로를 차단하는 것이었다. 이 작전엔 오대산에서 활동하던 유격대도 참가하여 7사단을 돕도록 되었다.

춘천을 점령하면 2군단은 한국군 포위 작전에 투입될 예정이었다. 예하 7사단은 홍천을 거쳐 원주 방면으로 진출하여 한국군을 동서로 차단하는 임무를 맡았다. 2사단은 가평을 거쳐 서울 동남쪽으로 진출하여 한강 이북의 한국군을 포위하고 남쪽에서 투입될 한국군 증원 부대들의 접근을 차단하는 임무를 맡았다. 만일 2사단이 서울 동남쪽 저지 진지(Blocking Position)에 예정대로 도착하면 한국군 주력은 북한군에게 완전히 포위되어 전력을 상실하리라는 것이 북한군의 계산이었다.

6월 25일 새벽 북한군 2사단은 한국군 6사단 정면을 기습적으로 공격했다. 왼쪽 춘천 정면의 7연대 지역을 침공한 북한군은 4연대와 6연대였다. 한국군은 북한군에 비해 전력에서 크게 열세였지만 다행히 지형은 방어에 유리했다. 높은 산줄기들이 가로로 달려서 적군의 접근을 어렵게 했고 북한강의 좁은 계곡은 포병 화력의 효과를 높였다. 7연대의 분전 덕분에 개전 당일에 춘천을 점령하려던 북한군의 계획은 처음부터 어긋나게 되었다.

6월 26일 북한군은 예비대인 17연대까지 투입해서 공격해왔다. 한국군도 원주에서 북상한 19연대가 7연대의 방어전에 참여했다. 한국군은 평지에서 노출된 채로 공격해온 북한군에게 포병 화력으로 큰 손실을 입히면서 주력을 축차적으로 철수시켜 소양강 남안에 진지를 구축했다. 이날도 북한군은 큰 손실을 입은 채 소양강을 건너지 못했다.

6월 27일 작전 계획대로 춘천을 점령하지 못해 초조해진 북한군 2군단은 7사단의 2개 연대를 인제 방면에서 돌려 춘천 공격에 투입했다. 그러나 한국군은 지리적 이점을 효과적으로 이용해서 포병 사격으로 손실을 강요했다. 이날도 북한군은 소양강을 건너지 못했다.

6사단의 동쪽 지역을 지킨 2연대도 잘 싸워서 북한군 7사단의 진출을 저지했다. 그러나 30여 대의 전차를 앞세운 적군에게 밀려 2연대는 6월 26일 오후 홍천과 인제의 중간 지점인 자은리의 방어선을 포기하고 큰말고개에 새 방어선을 마련했다. 이때가 6사단의 위기였다. 이 방어선이 무너지면 북한군에게 홍천을 내주게 되고 홍천을 잃으면 6사단의 퇴로가 막혀 북한군에 포위될 터였다. 다행히 북한군 2군단 지도부는 부진한 춘천 방면의 전황을 타개하려고 7사단의 2개 연대를 춘천 방면으로 돌렸다.

그러나 전황은 이미 극도로 나빠졌다. 서쪽에선 서울이 곧 적에게 함락될 상황이었고 동쪽에선 8사단이 물러나고 있었다. 전선이 그렇게 무너지자 육군 본부 참모부장 김백일 대령은 "서부 전선이 완전히 무너졌고 육군 본부는 시흥으로 철수하므로 6사단은 사단장의 판단에 따라 철수하면서 중앙선을 중심으로 중부 전선에서 지연전을 전개하라."는 작전명령을 유선으로 전달했다. 6월 28일 6사단은 질서 있게 철수 작전을 수행해서 적군에 적지 않은 손실을 강요했고 6월 29일 마침내 홍천으로 물러났다.

6사단이 3일 동안 춘천을 지킴으로써 북한군의 작전 계획은 크게 뒤틀어졌다. 2사단이 예정된 시일에 서울 동남쪽 저지 진지에 이르지 못함으로써 한국군 주력을 한강 북쪽에서 포위하여 섬멸하려던 기도는 실패했다. 덕분에 한국군은 시흥지구 전투사령부를 만들고 패전한 부대들을 추슬러 한강선 방어작전을 수행하면서 미군이 도착할 때까지 귀중한 시간을 벌 수 있었다.

4장

미국의 참전

북한군의 계산을 어그러뜨린 다른 하나의 요소는 미국의 빠르고 과감한 참전이었다. 북한군이 한국을 침공했다는 보고를 받자 트루먼 대통령은 그 자리에서 참전을 결심했다. 그런 결정은 다분히 미국 국내 정치 상황의 영향을 받았다. 1949년 장제스의 국민당 정권이 무너지고 중국 대륙에 마오쩌둥의 공산당 정권이 들어서자 미국 시민들은 큰 충격을 받았다. 제2차 세계대전에서 동맹국이었던 소련이 갑자기 위험한 적이 된 터에 중국 대륙마저 공산당 정권에 넘어간 것이었다. 자연히 미국에선 그런 결과에 대한 책임을 묻는 목소리가 높아졌고 "누가 중국을 잃었나?(Who Lost China?)"라는 물음은 정치를 뒤흔들었다. 트루먼 대통령의 민주당 정권은 어쩔 수 없이 수

세에 몰렸다. 그 뒤로 민주당은 중국을 잃었다는 공격에 시달렸다. 한국이 북한군에 점령되면 "누가 한국을 잃었나?"라는 물음이 제기되어 트루먼 정권을 옥죌 터였다. 그런 정치 상황은 이내 미국의 참전을 결정하도록 트루먼을 압박했다.

북한군이 무단으로 한국을 침공했다는 소식이 알려지자 뉴욕에선 바로 국제연합(UN) 안전보장이사회가 열렸다. 6월 25일의 회의에서 북한군의 남한 침공은 "평화의 침해(a breach of peace)"에 해당된다는 결의안이 채택되었다. 그 결의안 내용은 1)적대 행위들의 즉시 중단 2)북한 당국의 38도선 이북으로의 즉시 철군 3)모든 국제연합 구성국들은 본 결의안을 이행하면서 국제연합을 전적으로 돕고 북한 당국에 대한 원조를 자제할 것 등이었다.

이 결의안이 북한군에 아무런 영향을 미치지 못하자 6월 27일 안전보장이사회는 구성국들이 북한군의 침입을 물리치도록 남한에 군사적 원조를 제공하라는 둘째 결의안을 의결했다. 이제 미군은 국제연합군의 깃발을 내걸고 한국을 침략한 북한군과 싸우게 되었다. 다른 나라들도 국제연합군에 파병하기로 했다. 한국은 당시 국제연합의 일원이 아니었으나 이승만 대통령은 한국군을 국제연합군 사령관의 지휘 아래 두었다.

한반도에 맨 먼저 투입된 미군 부대들은 일본에 주둔했던 8군이었다. 워커 중장이 지휘한 이 부대는 7, 24, 25 사단 및 1기병 사단의 4개 보병 사단들로 이루어졌다(1기병 사단은 기병대의 후신으로 기병이란 병과를 그대로 썼지만 실제로는 보병 사단이었다). 서류상으로는 4개 사단이었지만 8군은 일본에서 점령군의 역할을 하면서 충원이 제대로 되지 않았고 훈련다운 훈련도 받지 않아 허약한 상태였다.

처음 한국에 도착해서 전투에 투입된 미군 부대는 24사단 21연대의 선발대였는데 406명의 보병과 105밀리 포대 1개로 이루어졌다. 스미스(Charles B. Smith) 중령이 지휘하는 이 스미스 임무부대(Smith Task Force)는 7월 5일 오산 북쪽 죽미령에 방어선을 쳤다. 이어 벌어진 싸움에서 미군은 용감히 싸웠지만 이내 패퇴했다. 북한군의 전력은 미군의 예상보다 훨씬 강한 것으로 드러났다.

북한군은 병력과 화력에서 미군보다 압도적으로 우세했다. 게다가 중국의 국공내전에서 싸운 중공군 출신 조선족 병사들을 핵심 병력으로 삼은 터라 북한군은 야간 전투와 포위 작전에 능숙했다. 부대 주력이 전차를 앞세우고 공격하는 사이에 다른 부대가 우회해서 포위하는 전술에 병력과 화력이 약한 미군은 대책을 마련하지 못했다.

미군을 당혹스럽게 만든 것은 북한군의 전차를 막을 무기를 갖추지 못했다는 사실이다. 제2차 세계대전에서 쓰인 2.36인치 로켓포탄을 맞고도 끄떡없이 다가오는 북한군의 T34 전차는 미군을 경악

시켰다(다행스럽게도 미국은 3.5인치 로켓포를 막 개발한 참이었다. 급히 공수된 이 무기는 대전 전투에서 처음 쓰였고 아군의 전력을 크게 향상시켰다). 결국 스미스 임무부대는 전사자 150명에 실종자 31명이라는 참담한 손실을 입고 물러났다.

이런 양상은 이어진 전투들에서 되풀이되어 24사단은 북한군에게 빠르게 밀렸다. 7월 18일에서 20일까지 이어진 대전 전투에서도 적의 포위 공격에 사단 주력이 무너졌고 길을 잘못 든 사단장 딘(William F. Dean) 소장은 포로가 되었다.

5장

낙동강과 인천

7월 말 한국군과 미군은 경상도 일대로 밀려났다. 더 물러날 곳이 없어지자 국제연합군을 지휘한 워커 8군 사령관은 '낙동강 방어선'을 설치했다. 공식적으로 '부산 해두보(Pusan Perimeter)'라 불린 이 방어선은 낙동강을 지형적 자산으로 삼아 동북부의 산악지대와 서남부의 남강 및 남해를 이용하여 이루어졌다.

이 최후의 방어선은 여러 장점들을 지닌 멋진 구상이었다. 낙동강을 전선으로 삼았으므로 방어가 쉽고 전선이 비교적 짧고 단순했다. 좋은 교통망을 이용해서 내선(內線)의 이점을 십분 활용할 수 있었고 덕분에 적에게 전선이 뚫려도 이내 반격해서 전선을 회복할 수 있었다. 병력과 물자를 공급하는 후방 기지인 일본과도 가까웠다.

낙동강 방어선은 왜관을 기점으로 하여 북동쪽은 한국군이 맡았고 남서쪽은 미군이 맡았다. 한국군은 왜관부터 1, 6, 8, 수도, 3사단이 배치되었고, 미군은 왜관부터 1기병, 24, 25사단이 자리 잡았다. 낙동강 방어선은 초기 방어선 'X선'과 최후 방어선 'Y선'으로 이루어졌다.

마지막 방어선에서 벌어진 싸움이었으므로 낙동강 전투는 계속적이었고 치열했다. 워커가 맞은 문제들 가운데 가장 심각한 것은 예비 병력의 부족이었다. 거의 모든 부대들이 전선을 지키는 데 투입되어 위급한 상황에 투입할 만한 병력이 거의 없었다. 그가 고안한 대책은 '소방대(fire brigade)'를 운용하는 것이다. 위험해진 지역에 투입되어 '불을 끄는' 임무를 특정 부대에 부여하는 것이었다. 이것은 미군의 뛰어난 기동력을 고려한 현실적 전술이었다. 소방대 임무를 맡은 부대는 미군 25사단의 27연대였는데 마이클리스(John H. Michaelis) 중령이 이끄는 이 부대는 뛰어난 전력을 지녔고 여러 차례 위급한 상황에서 불을 껐다. 특히 적군의 공격 목표였던 대구로 가는 길목인 왜관 북동쪽 다부동에서 백선엽 준장이 이끈 한국군 1사단을 지원해서 승리에 결정적 도움을 주었다.

낙동강 전선에서 북한군을 막아내는 사이에 맥아더는 인천 상륙작전을 추진했다. 6.25전쟁에서 '필연적 작전'이 있었다면 그것은 인천 상륙작전일 것이다. 그런 필연성이 그 작전의 효과를 극대화했고 전쟁의 흐름을 단숨에 바꾸어 놓았다.

먼저 당시의 전황은 한반도 중부로의 상륙작전에 좋은 조건들을 제공했다. 한반도 남동부의 낙동강 전선에 양측 군대가 몰려 있었으므로 국제연합군의 중부 상륙작전은 북한군 주력을 단숨에 포위할 수 있었다. 남한의 교통망이 모두 서울을 거치므로 서울을 장악하면 북한군은 물자의 보급이 실질적으로 단절될 터였다. 서울 탈환의 정치적 의미도 당연히 클 터였다. 그래서 1950년 8월 한반도 중부로의 상륙작전은 여건이 무르익었다.

다음으로 미군은 상륙작전을 수행할 능력이 있었다. 미군은 이미 한반도의 제공권과 제해권을 완전히 장악했고 북한군은 미군의 상륙작전을 미리 막을 힘이 전혀 없었다. 제2차 세계대전이 끝난 지 다섯 해가 지났으므로 미군 해군과 해병대에는 태평양과 유럽의 여러 상륙작전들을 경험한 부사관들, 장교들 그리고 지휘관들이 많았다. 이런 인적 자원은 가장 어려운 작전인 대규모 상륙작전도 가능하도록 만들었다. 그리고 비교적 가까운 필리핀에는 제7함대가 있어서 상륙작전이 일찍 수행될 수 있도록 했다.

마지막으로 당시 미군에는 상륙작전에 매력을 느낀 이들이 많았다. 국제연합군을 지휘한 맥아더가 상륙작전을 열정적으로 지지한 것은 잘 알려졌다. 태평양 전쟁에서 그는 상륙작전들을 통해서 일본군의 저항을 효과적으로 무력화시켰고 전쟁이 끝난 뒤에도 상륙작전에 대비해왔다. 1950년 봄 그는 해군과 해병대에 주일 미군 육군 부대들의 상륙 훈련을 요청했다. 1950년 5월에는 작은 상륙 부대가 미국 본토에서 일본으로 진주했는데 이 부대를 이끈 해군 제독이 몇 달 뒤 인천 상륙작전과 흥남 철수작전을 지휘할 도일(James H. Doyle) 해군 소장이었다.

상륙작전의 주역인 터라 해군과 해병대는 상륙작전에 호의적이었다. 해병대가 특히 열정적으로 상륙작전에 참여했다. 당시 트루먼 정권은 육군을 중시하고 공군을 강화하는 대신 해군을 경시하고 해병대는 아예 해체하려는 계획을 세웠다. 1949년 10월 합참의장 브래들리(Omar Nelson Bradley) 원수는 "나는 또한 대규모 수륙 작전들이 결코 다시 나오지 않으리라고 예언한다."고 말했다. 당연히 해병대는 상륙작전의 성공을 통해 자신의 입지를 강화하려 했다.

이처럼 조건, 능력 그리고 의지가 모두 갖추어졌다는 사정은 인천 상륙작전을 아군의 논리적 선택으로 만들었고 성공을 보장했으며, 효과를 극대화했다. 인천 상륙작전이 성공하자 북한군은 이내 무너졌다.

원래 인천은 상륙작전에 거의 넘을 수 없는 지리적 장벽을 제공했다. "우리는 모든 자연적 및 지리적 장애들의 목록을 만들었는데 인천은 그것들 모두를 갖췄다."는 상륙부대 참모진의 포술장교였던 캡스(Arlie G. Capps) 해군 소령의 발언은 자주 인용되었다. 그러나 맥아더는 바로 그 점이 기습을 가능하게 만든다고 믿었다.

1950년 8월 12일 맥아더는 9월 15일에 인천으로 상륙하는 작전계획을 확정했다. 그날 만조의 수심은 9.6미터로 예상되었는데 그날을 놓치면 10월 10일에나 충분한 수심을 얻을 수 있었다. '크로마이트 작전(Operation Chromite)'이라 불린 이 작전은 1개 군단의 참가를 예상했고 맥아더는 육군성에 10군단 본부의 가동을 요청했다. 실제로 작전에 참가한 병력은 미군 해병대, 해군, 육군 및 한국 해병대의 7만 1,339명이었다. 이 병력을 수송하기 위해 230척이 넘는 배들로 구성된 함대가 동원되었다.

크로마이트 작전의 목표는 크게 보아 둘이었다. 첫 목표는 1)인천항을 점령해서 해두보를 확보하며 2)김포 비행장을 조속히 점령하고 3)한강을 도하하고 4)서울을 점령하고 5)서울의 북쪽, 북동쪽 및 동쪽에 저지 진지를 마련하는 것이었다. 이 임무는 미군 1해병사단과 한국군 1해병연대가 맡았다.

다음 목표는 낙동강 전선에서 북상한 아군과 함께 적군을 포위하여 섬멸하는 것이었다. 이 임무는 해병들의 남쪽으로 진출한 미군 7사단과 한국군 17독립연대가 맡았다.

당시 인천엔 부대가 상륙하기 좋은 해변이 셋 있었다. 작전 계획에서 '그린 비치(Green Beach)'라고 불린 해변은 월미도의 북서쪽 해안 200야드 길이의 지역이었다. '레드 비치(Red Beach)'는 인천항을 보호하는 220야드의 해벽(海壁)이었다. '블루 비치(Blue Beach)'는 '레드 비치'의 남서쪽에 있는 지역으로 높이가 4미터가 넘는 해벽이 있었다.

인천항 지역에서 가장 중요한 지형은 항구 바로 앞에서 접근로를 굽어보는 월미도였다. 월미도를 먼저 장악하지 못하면 인천항에 접근할 수 없었다. 자연히 월미도의 '그린 비치'가 최초의 공격 목표가 되었다.

작전 개시 5일 전부터 상륙군은 인천 지역의 북한군에 공습을 했다. 2일 전부터는 함포 사격을 했다. 함포 사격은 월미도에 집중되었다.

마침내 9월 15일 05시 20분에 기함 '맥킨리 산(Mount McKinley)'호의 돛가름대 끝(yardarm)에 "상륙군 상륙(Land the Landing Force)"이라는 신호 깃발이 내걸렸다. 크로마이트 작전이 시작된 것이었다.

06시 33분. 작전 계획보다 3분 늦게 상륙정들이 월미도 '그린 비치'에 닿았고 5해병연대 3대대 병력이 해변으로 달려갔다. 07시 30분 3대대장 태플릿(Robert T. Taplett) 중령은 기함의 사령부에 월미도를 반 넘게 점령했다고 보고했다. 북한군의 저항은 약했고 미군은 45명의 포로를 잡으면서 주봉인 '라디오 고지(Radio Hill)'도 대부분 점령했다.

'레드 비치'와 '블루 비치'에 대한 공격은 다음 밀물 때인 19시 30분에 시작되었다. '레드 비치'에 상륙한 5해병연대의 1대대와 2대대 그리고 '블루 비치'에 상륙한 1해병연대는 북한군의 거센 저항을 받았다. 그러나 인천에 배치된 북한군 병력이 워낙 적었으므로 북한군의 저항은 오래 가지 못했다. 작전 첫날 도일 제독이 지휘한 공격 부대는 1만 3,000명의 병력을 상륙시켰고 1해병사단장 스미스(Oliver P. Smith) 소장은 부대 일지에 "디데이는 대체로 계획대로 지나갔다."고 적었다. 한국군 해병대는 미군 5해병연대에 배속되어 상륙했다. 이 부대는 인천시에서 공산군 잔당을 소탕했다.

이어 상륙군은 작전 계획대로 동쪽으로 전진했다. 1해병사단은 한강을 따라 영등포를 공격했고 7사단은 그 남쪽에서 수원을 목표로 나아갔다. 인천 상륙작전에 제대로 대비하지 못한 북한군은 작은 부대들을 급히 보내서 상륙부대의 전진을 막으려 했다. 이런 전술은 아주 비효과적이어서 북한군의 저항은 빠르게 무너졌다.

인천 지역을 석권한 상륙군은 바로 서울 공략에 나섰다. 도하 장비를 제대로 갖추지 못한 상륙군에게 한강은 험난한 장애였다. 한강을 먼저 건넌 부대는 행주 지역에서 도하를 시도한 미군 5해병연대와 한국군 2해병대대였다. 그들은 9월 20일 아침에 한강을 건너 행주산성과 수색을 점령했다. 이어 미군 7해병연대가 한강을 건너 능곡을 점령하고 적군의 퇴로를 차단했다.

이에 맞서 북한군은 모을 수 있는 병력들을 모두 서울 방어에 투입했다. 25여단, 9사단 87연대 그리고 18사단 일부 병력이 서울지구 방위사령부의 주요 부대들이었다. 북한군의 주 저항선은 안산(296미터)과 그 줄기였다. 가장 치열한 싸움은 연희고지(66미터)와 88미터 고지에서 벌어졌다. 한국군 1해병대대와 미군 5해병연대 2대대는 큰 손실을 입으면서도 줄기차게 공격하여 이틀 만에 연희고지를 점령했다. 이 전투에서 북한군 전사자는 1,750명이었고 한국군과 미군은 각기 300명과 200명의 사상자를 냈다.

9월 28일 아군은 서울을 완전히 장악했다. 그리고 9월 29일 12시 미군 5해병연대 병력이 지키는 국회의사당에서 맥아더 원수는 이승만 대통령에게 서울을 이양했다.

"국제연합군 사령부를 대표하여 나는 대통령 각하께 각하의 수도를 수복해 드리고 그곳에서 각하의 헌법적 책임을 보다 잘 수행하시도록 돕게 되어 기쁩니다."

감사 연설을 하던 이승만 대통령은 북받치는 감정을 이기지 못해 준비한 원고에서 벗어나 참석한 미군 지휘관들과 병사들에게 손을 내밀면서 말했다.

"나를 비롯한 모든 한국인에게 잊지 못할 은혜를 베풀어준 여러분께 내가 뭐라고 감사의 말을 전해야 할 지 모르겠습니다."

이제 '크로마이트 작전'에 남은 일은 낙동강 전선의 아군이 북상해서 10군단과 연결하여 포위망을 완성하는 것이었다. 이 일에서 중심적 역할은 대구·김천·대전·수원의 경부축 선을 맡은 미군 1군단이 맡았다. 선봉은 군단의 중앙에 자리 잡은 미군 1기병사단이었다.

9월 23일 04시 30분 1기병사단의 선두 린치 임무부대(Task Force Lynch)가 상주 낙동리 나루에서 낙동강을 건너기 시작했다. 미군 1기병사단 7기병연대 3대대장 린치(James H. Lynch) 중령이 이끈 이 임무부대는 3대대를 중심으로 1개 전투공병 중대, 2개 전차 소대(전차 7대), 1개 야전포병 대대, 1개 중박격포 소대, 1개 수색정찰 소대로 이루어진 혼성 부대였다. '크로마이트 작전'의 핵심은 상륙 부대인 미군 10군단이 북한군의 퇴로를 끊고 낙동강 전선을 지키던 미군 8군이 공격에 나서서 북한군을 파괴한다는 내용이었다. 한강 남안에서 기다리는 10군단의 '모루'에 힘차게 떨어질 '망치'의 머리가 바로 린치 임무부대였다.

낙동리 나루를 건넌 린치 임무부대는 10군단 예하 7사단이 기다리는 오산으로 향했다. 진격 속도가 하도 빨라서 이 부대는 천안에서 북한군을 따라잡았다. 베이커(Robert W. Baker) 중위가 이끈 70전차대대 C중대 3소대의 전차 3대는 진격 속도를 늦추지 않고 아직 적군 전차 부대들이 있는 지역을 지나 기적적으로 오산의 7사단 31연대 지역에 닿았다. 9월 26일 22시 26분이었다. 린치 임무부대 본대는 9월 27일 08시 26분에 닿아서 마침내 10군단과 8군의 연결이 이루어졌다. 모루에 망치가 떨어진 것이었다.

크로마이트 작전은 크게 성공했다. 애초에 세운 목표들을 다 이루었을 뿐 아니라 북한군의 전반적 붕괴를 불렀다. 그 작전의 성공은 먼저 피아의 사상자 수에서 뚜렷이 드러난다. 미군 10군단의 손실은 전사·실종 536명에 전상 2,560명이었다. 반면에 북한군의 손실은 전사 1만 4,000명과 포로 7,000명이었다. 파괴하거나 노획한 무기들도 많았다. 특히 북한군에게 빼앗겼던 미군 무기들을 많이 되찾은 것은 이후의 싸움에도 영향을 미쳤다.

인천 상륙작전이 성공하자 북한군은 포로들과 인질들을 학살하기 시작했다. 대전에서만 7,000명가량의 남한 인사들과 40명의 미군 포로들이 학살되었다. 인천에서 서울에 이르는 작전에서 아군은 집단 학살의 무덤들을 많이 발견했다. 1950년 10월 31일 국제연합군 사령부는 공산주의자들에게 살해된 사람들이 2만 6,000명에 이른다고 발표했다.

2주간에 걸친 크로마이트 작전의 성공은 한국전쟁의 구도를 단숨에 바꿔놓았다. 낙동강 전선에 투입되었던 북한군이 무너졌고 모든 전선에서 북한군은 패주하기 시작했다. 아군의 진격이 워낙 빨랐고 퇴로가 차단되었으므로 당시 낙동강 전선에 있던 북한군 사단들 가운데 건제를 유지하면서 퇴각한 경우는 거의 없었다. 낙동강 전선에 있었던 북한군 7만 명 가운데 38선을 넘어간 병력은 겨우 2만 5,000명이었던 것으로 추산된다. 수도이자 교통의 요지인 서울을 되찾음으로써 미군은 북한군의 사기와 병참 체계에 결정적 타격을 주었다. 아울러 미군은 전쟁 초기에 북한군에게 참패해서 떨어졌던 명예와 자존심을 되찾았다.

6장

북한으로의 진격

인천 상륙작전이 크게 성공해서 낙동강 전선의 북한군이 이내 무너지자 남한 지역은 실질적으로 수복되었다. 북한으로 탈출하지 못한 북한군 패잔병들이 지리산과 같은 산악 지역에서 유격전을 펼치는 것 말고는 치안도 빠르게 회복되었다.

서울이 수복된 1950년 9월 하순 아군 지도부가 맞은 문제는 38선을 넘어 북한으로 진격하느냐 마느냐 하는 결정이었다. 원래 미국을 비롯한 참전국들은 북한으로의 진격을 고려하지 않았다. 참전의 목적이 한국에 침입한 북한군을 격퇴하는 것이었기 때문이다.

그러나 싸움터의 논리는 달리 움직이고 있었다. 아군의 진격엔 탄력이 붙었고 북한군의 패주로 생긴 힘의 공백은 아군을 빨아들였다.

북한군의 침입으로 이미 권위를 잃은 '국경 아닌 국경' 38선은 이처럼 거센 싸움터의 논리를 막을 수 없었다.

전황이 갑작스럽게 호전되자 미국의 여론도 차츰 달라지기 시작했다. 국제 여론도 북한으로의 진격에 대해 점차 호의적이 되었다. 적어도 한국군의 진격은 허용될 수 있다는 얘기가 지지를 받기 시작했다.

이때 결정적 요인으로 작용한 것은 한국의 정치적 의지였다. 특히 이승만 대통령의 결정은 혼란스러운 상황을 단숨에 정리했다. 국제 정세를 잘 읽고 심지가 굳은 이 뛰어난 지도자에게 북한이 무도하게 일으킨 싸움을 38선에서 멈춘다는 것은 처음부터 고려 대상이 아니었다. 9월 29일 국제연합군 총사령부가 모든 작전 부대들에게 일단 38선에서 진격을 멈추라는 명령을 내리자 그는 한국군에게 북한으로 진격하라고 명령했다.

한국군 육군 총사령관 정일권 소장은 작전 지휘권을 지닌 미8군 사령관 워커 중장을 만나 동해안 지역 38선 바로 북쪽의 고지를 점령해야 할 군사적 필요성을 설명했다. 워커의 승인을 얻자 정 총사령관은 1군단장 김백일 소장에게 38선 북쪽 13킬로미터에 있는 양양을 점령하라고 명령했다. 마침내 10월 1일 한국군 3사단 23연대는 38선을 넘어 북한 땅으로 진격했고 이튿날 양양을 점령했다(이 일을 기념해서 우리는 10월 1일을 '국군의 날'로 삼았다). 이날 맥아더는 도쿄에서 방송을 통해 김일성에게 항복을 권유했다.

3사단이 38선을 넘자 모든 한국군 부대들은 앞다투어 38선 너머로 진격했다. 북한으로의 진격이 그렇게 기정사실이 되자 서부 전선에 배치된 미8군도 10월 5일 예하 부대들에 북한으로의 진격을 명령했다.

거세게 진격하는 아군을 막을 힘이 북한군엔 없었다. 병력과 화력에서도 이미 큰 차이가 났지만 사기도 땅에 떨어진 터였다. 그래서 소규모 부대들이 잠시 저항하다 패주하는 상황이 되풀이되었다.

덕분에 아군의 진격은 순조로워서 10월 19일 한국군 1사단과 미군 1기병사단은 평양을 점령했다. 10월 21일엔 이승만 대통령이 능라도 비행장에 내려서 열광적인 평양 시민들 앞에서 연설했다.

같은 날 도쿄에서 날아온 맥아더도 비행장에서 가장 먼저 평양에 돌입한 미군 부대인 1기병사단 5기병연대 F중대를 사열했다. F중대는 96일 전 한국에 상륙한 부대였다. 맥아더는 상륙 당시의 부대원 200명 가운데 아직 남아 있는 병사들이 있으면 앞으로 나오라고 말했다. 앞으로 나온 병사들은 겨우 다섯이었는데 그 가운데 셋은 부상병들이었다.

평양이 아군에게 점령되면서 북한 정권은 실질적으로 무너졌다. 동부 전선에선 국군이 이미 원산과 함흥을 점령한 터였다. 이제 아군에게 남은 일은 압록강과 두만강의 국경까지 진격해서 남은 북한군을 소탕하는 작전이었다. 그 작전은 그리 오래 걸리지 않으리라고 예상되었다.

이때 아군 지휘부가 고뇌한 것은 중공군이 북한을 도우러 참전할 가능성이었다. 중공군의 개입 가능성은 컸다. 중공 정권은 이미 조선족 병사들을 북한으로 보내 북한군의 주력이 되도록 했고 대대적으로 개입할 준비를 마친 터였다.

당시 아군 지휘부에 알려지지 않았지만 10월 3일 마오쩌둥은 한반도에 군대를 보내기로 결정하고 스탈린에게 그런 결정을 통보했다. 같은 날 외무장관 저우언라이(周恩來)는 "만일 국제연합군 병력이 38선을 넘어 북한 영토로 진격하면, 중국은 개입하겠다."고 선언했고 10월 9일엔 중국 외교부 대변인이 개입 위협을 되풀이했다.

이 문제를 다루기 위해 10월 15일 태평양의 웨이크 섬에서 트루먼 대통령과 맥아더 원수가 만났다. 중공군의 개입을 걱정하는 트루먼에게 맥아더는 중공군이 개입하지 않으리라고 단언했다.

"제정신인 군사 지휘관이라면 겨울을 바로 앞두고 대규모 작전을 시작하지 않을 것입니다."

여기서 주목할 점은 맥아더의 얘기가 자신이 인천 상륙작전을 고집하면서 한 말을 뒤집었다는 사실이다. "인천 상륙작전이 워낙 어려우므로 제정신인 군사 지휘관은 그것을 선택할 리 없다. 그래서 오히려 기습이 성공할 가능성이 크다."는 얘기였다. 그는 자신이 거꾸로 기습당할 가능성을 인식하지 못한 것이다.

2부

중공군의 개입과 리지웨이의 수습

7장

중공군의 개입

1950년 10월 하순 아군은 온 전선에서 빠르게 국경을 향해 북진하고 있었다. 미군 1군단 예하 한국군 1사단은 청천강을 넘어 운산으로 향했다. 그러나 10월 26일 중공군의 거센 공격을 받아 뒤로 밀렸다. 북쪽의 15연대는 남쪽으로 밀렸고 서쪽의 12연대는 동쪽으로 밀렸다. 1사단을 포위하기 시작한 중공군은 이미 운산 남쪽의 주보급로를 차단했고 중공군의 도로 봉쇄를 뚫기 위해 남진했던 11연대는 중공군에 밀려 북쪽으로 물러났다.

그러나 8군 지휘부는 대규모의 중공군이 개입했다는 중공군 포로들의 진술도, 1사단장 백선엽 준장의 보고도 믿지 않았다. 중공군이 개입할 리 없다는 자신들의 선입견에 매달리면서 그들은 소규모의 중공군이 북한군을 지원하고 있다고 판단했다. 그러나 아군이 잇달아 전투에서 밀리자 워커는 청천강 이북의 상황이 심상치 않다고 판단했다. 그는 평양에 머물던 미군 1기병사단에 운산을 지나 압록강으로 향하라는 명령을 내렸다.

10월 30일 1기병사단의 선두인 8기병연대 1대대가 운산에 닿았고 이튿날 2대대와 3대대가 이르렀다. 8기병연대가 한국군 12연대의 임무를 맡았다. 한국군 12연대는 구룡강 남쪽 입석의 재집결지로 이동했고 11연대는 중공군의 공격에 궤멸된 한국군 2군단 8사단과의 접촉을 위해 동쪽으로 움직였다. 북쪽의 15연대는 중공군의 공격을 힘겹게 막아내고 있었다. 그래서 11월 1일 운산 지역 삼탄강을 경계로 동쪽엔 한국군 1사단이 있었고 서쪽엔 미군 8기병연대가 있었다.

이처럼 미군 지휘관들이 중공군의 개입에 대비하지 않는 사이에 중공군은 운산 지역을 포위하는 데 성공했다. 이 작전에 투입된 부대들은 115사단과 116사단이었다. 11월 1일 정오에 1기병사단 5기병연대는 운산으로 가는 길목을 점령한 중공군 부대를 축출하는 데 실패했다. 그래서 운산의 미군 8기병연대와 한국군 15연대는 중공군에게 완전히 포위되어 고립되었다.

이때 미군 1군단 오른쪽의 한국군 2군단은 중공군의 공격에 와해되었다. 자연히 운산은 전선의 돌출부가 되었다. 이런 상황에서 운산을 지키는 것은 의미가 없다고 판단한 미1군단 사령부는 미군 8기병연대와 한국군 15연대에 철수 명령을 내렸다. 철수 작전은 미군 1기병사단장 게이 소장과 한국군 1사단장 백선엽 준장이 협조해서 수행하도록 되었다. 그들은 한국군 15연대가 마지막으로 철수하기로 합의했다.

불행하게도 상황은 조직적 철수가 어려울 정도로 악화되었다. 무엇보다도 중공군의 집중 공격을 받은 15연대는 진지를 지킬 수 없었다. 15연대를 지원하던 미군 10방공포병단은 이미 21시에 철수를 시작했고 비교적 빠르게 움직일 수 있는 트랙터 견인 90밀리 대공포들이 마지막까지 남아서 한두 시간 더 한국군을 엄호했다. 그러나 중공군의 압박에 물러나는데다 퇴로가 중공군에 점령된 상태였으므로 철수는 어려울 수밖에 없었다. 애플먼(Roy E. Appleman)이 『남으로 낙동강, 북으로 압록강(South to the Naktong, North to the Yalu)』에서 기술한 바에 따르면 "대략 23시 이후 한국군 15연대는 빠르게 분해되었고 자정 조금 지나서 전투 부대로서 존재하기를 멈췄다. 이들 한국군들 가운데 극소수만 탈출했다. 그들은 죽거나 붙잡혔다."

미군의 철수를 엄호하도록 된 한국군 15연대의 붕괴는 미군 8기병연대를 위태롭게 만들었다. 이 부대의 철수는 2대대, 1대대, 3대대 순으로 이루어지도록 되었다. 이미 중공군이 단 하나의 퇴로를 차단했으므로 2대대와 1대대는 차량들과 중화기들을 버리고 뿔뿔이 흩어져 중공군의 포위망을 뚫었다. 손실은 당연히 커서 1대대는 장교 15명과 병사 250명을 잃었다.

후위를 맡은 3대대의 운명은 훨씬 참혹했다. 11월 2일 03시에 3대대 본부는 중공군의 기습을 받아 혼란에 빠지고 큰 손실을 입었다. 일부 병력은 걸어서 남쪽으로 탈출했지만 나머지는 포위된 채 진지 안으로 들어온 중공군들과 백병전과 수류탄전을 펼쳤다. 새벽이 되자 미군 항공기들의 지원을 받아 생존자들은 임시 진지를 구축하고 방어에 들어갔다. 이들 가운데 전투 능력이 있는 병력은 약 200명이었고 부상자들이 170명가량 되었다.

이들을 구출하기 위해서 5기병연대 병력이 차단된 퇴로를 뚫으려고 나섰다. 2일 04시부터 시작되어 종일 계속된 작전에서 5기병연대의 2개 대대 병력은 530명의 손실을 입고서도 중공군 115사단의 343연대가 점령한 저지 진지인 '나팔 고지(Bugle Hill)'를 점령하지 못했다. 마침내 오후 늦게 1기병사단장 게이 소장은 8기병연대 3대대의 구출을 포기하고 5기병연대에 철수하라는 명령을 내렸다. 이 결정은 미군에겐 더할 나위 없이 치욕적이었으니 미군 역사상 고립된 부대의 구출을 포기한 적은 이번이 처음이었다.

운산 전투에서의 아군 손실을 정확히 계산하기는 어렵다. 애플먼에 따르면 "야간 전투에서 한국 15연대의 병력 손실은 자인한 것처럼 무척 컸다. 연대의 무기와 장비 손실은 실질적으로 총체적이었다." 미군 8기병연대는 600명의 병력 손실을 입었고 많은 무기와 장비를 잃었다. 보병을 지원했던 전차 중대와 중박격포 중대도 큰 손실을 입었다.

미군과의 첫 싸움인 운산 전투에서 일방적으로 이기자 중공군은 국제연합군을 청천강 이남으로 밀어내어 단숨에 전황을 바꾸려고 공격을 강화했다. 그러나 식량과 탄약의 부족으로 중공군의 공세는 곧 힘을 잃었고 국제연합군은 청천강 교두보를 지킬 수 있었다. 그래서 11월 5일 중공군의 공세가 중지되면서 중공군의 '1차 공세'는 끝났다. '1차 공세'로 중공군은 운산 전투에서 미군 8기병연대와 한국군 15연대를 격파했을 뿐 아니라 다른 전투들에서 한국군 6사단과 8사단에 심각한 손실을 입혔다.

운산 전투는 미군과 중공군의 첫 싸움이었다. 당연히 이 전투의 과정과 결과는 흥미롭고 중요했다. 이 전투에서 미군이 입은 손실도 무척 컸다.

그러나 운산 전투를 결정적 전투로 만든 것은 전투 자체보다는 전투에 대한 미군 지휘부의 분석과 대응이었다. 한국군 2군단이 궤멸되었고 운산 전투에서 한국군 15연대와 미군 8기병연대가 포위되어 심대한 피해를 입었다. 중공군이 대규모로 개입했고 전력이 예상보다 훨씬 강하다는 것이 드러났다. 그러나 미군 지휘부는 그런 사실을 애써 외면했다. 8군 정보참모부는 북한에 들어온 중공군을 대략 2만 7,000명으로 추산했다.

이런 비현실적인 판단이 나온 가장 큰 원인은 맥아더 원수의 낙관적 견해였다. 맥아더는 중공군이 모든 병력을 투입하지 않으리라고 믿었고 설령 그들이 그렇게 하더라도 미군의 공군력은 그들을 파멸시키리라고 믿었다.

이런 판단을 거스를 사람은 없었다. 수많은 회의론자들의 반대를 무릅쓰고 그가 거의 혼자 힘으로 인천 상륙작전을 성공시키자 그의 권위는 누구도 도전할 수 없을 만큼 커졌다. 그의 몰락의 씨앗이 그의 가장 빛나는 성취인 인천 상륙작전에서 뿌려졌다는 사실은 비극적 반어다.

마침내 11월 24일 맥아더 원수는 '종전을 위한 총공세(end-the-war

offensive)'를 명령했다. 그래서 30만 명이나 되는 중공군이 숨어 기다리는 산맥 속으로 아군은 진격했다. 적군에 대한 지식도 없고 적의 기습에 대한 준비도 없이.

아군의 북진은 이내 중공군의 저항에 부딪쳤고, 11월 26일엔 모든 전선에서 아군이 중공군에 밀리기 시작했다. 특히 서쪽 평안도 지역의 미8군과 동쪽 함경도 지역의 미군 9군단 사이의 큰 틈새는 중공군 대부대의 침입을 손쉽게 해서 8군의 우익인 한국군 2군단은 포위의 위험에 노출되었다.

위급한 상황을 보고받자 맥아더 원수는 중공군이 개입하지 않으리라는 자신의 확신을 버릴 수밖에 없었다. 11월 28일 그는 합참에 "우리는 전혀 새로운 전쟁을 맞았다(We face an entirely new war)."고 보고했다. 이어 그는 공세를 수세로 전환하는 일에 착수했다.

그러나 중공군의 공세가 워낙 갑작스러웠고 압도적이었으므로 방어 작전으로의 전환은 어려울 수밖에 없었다. 아군의 전선이 전반적으로 무너지면서 아군의 모든 부대들은 큰 어려움을 겪었다. 가장 심각한 피해를 본 부대는 군우리 전투에서 중공군에 포위된 미군 2사단이었다. 미군 역사상 가장 치욕적인 패배들 가운데 하나로 꼽히는 이 전투에서 2사단은 2개 연대가 실질적으로 궤멸되었으며 무려 4,500명의 사상자들을 냈다. 이 패배는 아군에 큰 충격을 주었고 아군 병사들은 공황에 빠졌다.

중공군의 압력이 거세지면서, 12월 5일 미8군은 평양을 포기하기로 결정하고 빠르게 북한 지역에서 물러났다. 12월 20일에는 임진강 남안에서 화천을 거쳐 양양에 이르는 새로운 방어선을 마련했다.

8장

동부 전선의 위기

여기서 살필 것은 한반도 작전의 지휘가 일원화되지 못했다는 사정이다. 국제연합군이 북한 지역으로 진격하자 맥아더는 주력인 미8군에게 낭림산맥 서쪽 평안도 지역을 할당하고 조력인 미군 10군단에게 낭림산맥 동쪽 함경도 지역을 할당해서 공격하도록 했다.

이런 조치는 공식적으로는 평안도와 함경도가 지리적으로 너무 멀다는 사정을 고려한 조치였지만, 실제로는 맥아더의 측근이었던 10군단장 알몬드(Edward M. Almond) 소장을 배려한 것이었다. 결국 이런 지휘권의 분리는 여러 가지 문제들을 일으켰다.

11월 11일 알몬드 소장은 국경을 향한 작전의 목표들을 휘하 부대들에 지시했다. 북한군의 저항은 미미하고 산발적이었으므로 각 부대들은 어렵지 않게 북진했다.

11월 23일까지 미군 1해병사단은 장진호 남안 하갈우리까지 진출했고 70마일 동북쪽의 미군 7사단은 압록강 남안 혜산진을 점령했고 다시 30마일 동남쪽의 한국군 3사단은 합수에 이르렀고 다시 40마일 동북쪽엔 한국군 수도사단이 청진 가까이 다가갔다. 미군 3사단과 한국군 1해병연대는 원산과 홍남 지역을 관장하면서 2만 5,000명으로 추산되는 북한군 유격대를 막아내고 있었다.

미군 수뇌부는 잘 몰랐지만 중공군은 이미 대규모 병력을 이 지역에 침투시켰다. 9병단(집단군) 예하 20군은 장진호 서쪽에 배치되어 미군 1해병사단의 진출을 막고 26군과 27군은 장진호 동쪽에 배치되어 미군 7사단을 공격하기로 되어 있었다.

총공세 명령이 내려지자 미 1해병사단은 장진호 서안의 유담리에서 낭림산맥의 설한령(雪寒嶺)을 향해 서쪽으로 나아가기 시작했다. 1차 목표는 낭림산맥 서쪽 평안북도의 강계군 무평리였다. 무평리는 만포선이 지나고 도로들이 합치는 교통의 요지여서 그곳을 차지하면 북한군의 보급로와 퇴로를 끊을 수 있었다.

당시 1해병사단은 황초령 남쪽 함주군 진흥리부터 장진군 유담리까지 길게 한 줄로 늘어서 있었다. 예비인 1연대는 황초령 바로 북쪽의 고토리에 본부를 두고 진흥리부터 하갈우리에 걸쳐 머물고 있었다. 좌익인 7연대는 장진호의 서안을 따라 유담리까지 진출했다. 우익인 5연대는 장진호 동안을 따라 10마일까지 진출했다. 공격 목표가 무평리로 바뀌자 스미스 소장은 덜 지친 5연대를 선봉으로 삼기로 했다. 그래서 5연대는 북쪽으로의 진출을 멈추고 서쪽 7연대 지역으로 이동했다.

낭림산맥 동쪽 함경도 지역에 배치된 중공군 9병단의 사령관 성시룬(宋時輪) 장군은 당시 42세로 1930년대의 '대장정'에 참여했다. 그는 유능한 지휘관으로 이름이 높았다. 9병단은 20군, 26군, 27군으로 이루어졌고, 각 군은 4개 사단으로 이루어졌다. 총병력은 24만 명으로 추산되었다.

27일 밤 중공군은 대규모 기습 작전에 나섰다. 27군은 북쪽에서 내려와 장진호 서안 유담리와 남안 하갈우리를 공격했다. 20군은 서쪽에서 공격했다. 2개 사단은 유담리를 공격하고 유담리 남쪽의 보급로를 차단했다. 2개 사단은 하갈우리를 공격하고 하갈우리 남쪽의 보급로를 차단했다. 압도적으로 우세한 병력을 이용한 전형적 양익 포위 작전이었다. 5배가량 우세한 적군의 야간 기습 공격을 받았지만 유담리의 미군 해병들은 무너지지 않고 전선을 지켰다.

11월 28일 도쿄의 최고사령부에서 맥아더는 워커 8군 사령관과 알몬드 10군단장으로부터 전황을 보고받았다. 이 회의에서 국제연합군의 전면적 철수가 결정되었다. 10군단은 중공군과 접촉을 유지하면서 함흥과 흥남 지역으로 결집하기로 되었다.

이 결정에 따라 12월 1일 유담리 일대의 5해병연대와 7해병연대는 하갈우리로 물러나기 시작했다. 좁은 보급로를 끊은 중공군의 저항은 거세었지만, 근접 항공 지원을 받았고 7연대 F중대의 분전 덕분에 요충인 덕동 고개를 확보할 수 있어서 손실은 그리 크지 않았다. 12월 3일 주력이 하갈우리 본진에 닿았다. 4일 14시에는 후위가 도착했다.

하갈우리로부터 흥남까지의 철수 작전은 2단계로 이루어졌다. 1단계는 하갈우리에 집결한 병력이 고토리까지 남하하는 것이었다. 2단계는 하갈우리 병력이 내쳐 황초령을 넘어 진흥리까지 남하하고 이어 고토리를 지키던 후위 부대가 철수하는 것이었다.

12월 6일 아침 고토리로의 철수 작전이 개시되었다. 7연대를 주력으로 한 선봉이 하갈우리를 출발했다. 동시에 5연대를 주력으로 한 후위는 철수로를 감제하는 '동산(East Hill)'에 포진한 중공군을 공격해서 점령했다. 중공군은 거세게 반격했으나 1,200명이 넘는 사망자를 내고 12월 7일 새벽에 물러났다.

하갈우리를 떠나자마자 7연대는 중공군의 공격을 받았다. 그러나 항공 지원, 포병 화력, 전차 화력의 지원을 받은 지상군의 대응 공격이 주효해서 행렬은 천천히나마 남쪽으로 나아갈 수 있었다. 12월 7일 새벽에 7연대의 선두 대대가 고토리에 닿았고 17시에는 나머지 부대들이 모두 닿았다.

12월 7일 오전 5연대 주력이 하갈우리를 떠났다. 후위 작전을 위해 뒤에 남은 5연대 2대대, 공병 및 전차 1개 소대는 남은 물자들을 불태우고 정오에 하갈우리를 떠났다. 5연대는 12월 7일 자정 이전까지 모두 고토리에 닿았다.

고토리에서 진흥리까지의 2단계 철수 작전은 12월 8일 아침에 개시되었다. 진흥리에 머물던 1연대 1대대는 황초령을 넘어 북상하면서 철수로 근처의 중공군을 공격해서 험난한 황초령을 확보하기 시작했다. 동시에 고토리에선 7연대와 5연대 1대대가 남쪽으로 출발했다. 5연대 병력이 뒤따랐다. 후위 작전은 1연대 1대대가 수행했다. 그날은 눈 폭풍이 일어서 항공 지원이 불가능하고 중공군의 저항은 상당해서 행렬은 느리게 나아갔다. 이튿날 아침엔 하늘이 개어서 항공 지원이 재개되었다. 마침내 15시에 남쪽에서 올라온 1연대

1대대가 치열한 싸움 끝에 황초령을 감제하는 1081고지를 확보했고 이어 7연대의 정찰대가 그 고지에 닿아서 남북에서 출발한 두 부대가 연결되었다.

11월 27일부터 12월 10일까지 장진호 지역에서 벌어진 전투에서 미군 1해병사단과 배속된 병력은 중공군 9병단 예하 20군, 26군, 27군 모두와 싸웠고 12개 사단들 가운데 8개 사단과 직접 부딪쳤다. 그 과정에서 전사자 393명, 전상자 2,152명, 실종자 76명의 손실을 입었다. 배속된 병력의 손실은 7사단의 손실을 빼놓고 영국군 41해병 특공대 78명이었다.

압도적으로 우세한 병력으로 미군을 포위하고 좁은 보급로를 따라 길게 늘어선 미군 행렬을 일방적으로 공격하는 입장이었지만 중공군은 오히려 훨씬 큰 손실을 입었다. 1950년 겨울은 무척 추워서 작전에 어려움이 많았고 동상에 걸린 병력들이 많았다. 중공군의 자료에 따르면 하도 추워서 중공군 박격포탄의 70퍼센트가 폭발하지 않았고 수류탄도 흔히 터지지 않았다. 이런 추위는 미군보다 중공군에게 불리하게 작용했다. 미군에 탐지되지 않으려고 중공군은 주로 야간에 행군했고 불을 전혀 지피지 않았다. 중공군 병사들은 군화 대신 운동화를 신었으므로 발이 동상에 걸린 병사들이 무척 많았다.

게다가 높은 산속에서 주로 움직였고 의료 시설이 부족했으므로 중공군은 동상으로 큰 피해를 입었다. 뒤에 노획한 문서들과 포로들의 심문에서 얻은 증거들을 바탕으로 미군은 "중공군의 높은 전투 및 비전투 손실은 9병단의 대부분을 군사적으로 무력하게 만들었다." 고 결론을 내렸다. 9병단이 입은 손실은 전사자 2만 5,000명과 전상자 1만 2,500명으로 추산된다. 실제로 9병단은 재편성에 3개월이 걸렸고 1951년 봄에야 다시 싸움터에 모습을 드러냈다.

예상을 깨뜨리고 미군 1해병사단이 중공군 9병단을 물리치고 큰 손실을 입힌 것은 전황에 큰 영향을 미쳤다. 만일 9병단이 승리했다면 그들은 이내 서쪽으로 진출해서 미군 8군의 우익을 공격했을 터이고 아군의 상황은 실제보다 훨씬 위태로웠을 것이다. 9병단이 결정적으로 중요했던 3개월 동안 전선에 나오지 못하자 아군은 재정비를 할 여유를 얻었다.

심리적 영향도 무척 컸다. 중공군의 포위와 기습이 워낙 완벽했으므로 중공군 수뇌부는 완벽한 승리를 자신하고 작전 종료 전에 미군 1해병사단은 몰살한 것이나 마찬가지라고 선언했다. 미국 시민들은 해병들이 끝내 포위를 뚫지 못할까 걱정했다. 보름에 걸친 전투가 "전쟁의 역사에서 가장 위대한 후퇴들 가운데 하나(One of the greatest retreats in the course of military history)"(호이트Edwin P. Hoyt)로 막을 내리자 중공군에 대한 공포에 휩싸였던 국제연합군은 심리적 안정을 많이 되찾았다.

9장

홍남 철수작전

1950년 12월 8일 맥아더는 10군단을 8군에 예속시켜 워커 8군 사령관이 한반도 작전을 총괄하도록 했다. 그리고 방어할 9개 전선을 제시했다. 이들 가운데 가장 남쪽에 있는 것은 전쟁 초기의 '낙동강 전선(Pusan Perimeter)'이었다. 당시 미군 수뇌부는 중공군에게 밀리면 한반도에서 철수할 생각이었고 낙동강 전선은 해두보의 성격을 지녔다.

당시 워커가 크게 걱정한 것은 허약한 한국군이 맡은 전투를 방어하지 못하고 무너지는 상황이었다. 적군은 제대로 훈련을 받지 못하고 화력도 약한 한국군을 집중적으로 공격해서 돌파하는 작전을 줄곧 써서 큰 성공을 거두었다. 그래서 워커는 10군단을 집결지인 함경도 해안 지역에서 철수시켜 중부 전선에 투입하려 했다.

알몬드는 힘든 전투들로 많이 지친 부대들을 먼저 철수시키기로 결정했다. 그래서 1해병사단이 먼저 철수하고 이어 7사단이 철수하고 3사단이 맨 뒤에 철수하기로 되었다. 한국군 1군단 예하 잔류 부대들도 미군과 함께 철수하도록 되었다.

원산과 성진에서의 철수를 포함해서 10군단은 10만 5,000명의 병력, 18만 8,422대의 차량 그리고 35만 톤의 화물을 실을 선박이 필요했다. 도일 제독이 거느린 수송선들은 모두 125척이었는데 상당수는 두 번 이상 운항해야 할 터였다. 철수가 진행되면서 지상 병력이 줄어들어 위험이 점점 커지므로 충분한 전술 항공 지원과 함포 사격은 철수 작전의 성공에 결정적인 요소였다. 전술 항공 지원은 부산 지역의 5공군과 연포 비행장과 항공모함의 1해병항공단 그리고 해군이 제공하기로 되었다. 함포 사격은 전함 1척, 순양함 2척, 구축함 7척 그리고 로켓선 3척이 제공하기로 되었다.

대규모 해상 철수작전에 관한 교범이 없었고 경험도 없었으므로 도일 제독은 상륙작전의 역순으로 철수작전을 하기로 했다. 이른바 "후입선출(Last In, First Out)"이었다. 그래서 잉여 보급품과 지원병력이 먼저 철수하고 뒤에 전투병력이 철수하도록 승선 계획이 세워졌다.

첫 철수 부대인 미군 1해병사단은 12월 12일부터 승선을 시작했다. 철수가 이루어지면서 중공군 27군은 서쪽과 북쪽의 미군 방어진지의 취약한 지점들을 찾으려고 공격했다. 13일과 14일에는 중공군의 공격이 더욱 거세어졌다. 동북쪽에선 북한군 3사단과 1사단이 내려오고 있었다.

그러나 철수는 예정대로 진행되어 12월 17일엔 한국군 1군단 병력이 승선을 마치고 삼척을 향해 출발했다. 이어 미군 10군단 본부 병력이 승선을 마치고 경주를 향해 출발했다. 12월 22일에는 미군 7사단이 승선을 마쳤고 12월 24일에는 후위 작전을 수행한 3사단 병력이 승선을 마쳤다.

마침내 12월 24일 14시 40분 도쿄의 맥아더 원수 사령부는 홍남항의 '맥킨리 산'호로부터 10군단 전 병력이 홍남 해두보로부터 성공적으로 철수했다는 보고를 받았다. 도일 제독이 이끄는 미군 90해군 임무부대는 8만 7,400명의 병력을 해상으로 철수시킨 것이다.

미군 해군은 가외로 8만 6,000명의 한국인 피란민들을 태우고 나왔다(이미 원산과 성진에서 철수시킨 민간인들까지 합하면 9만 8,100명이 되었다). 적군의 공격을 받는 상황에서 철수 병력과 맞먹는 민간인들을 구출한 일은 작전의 차원이나 도덕의 차원에서 높은 평가를 받아야 한다.

10장

리지웨이의 수습

중공군의 기습으로 국제연합군의 전선은 걷잡을 수 없이 무너졌다. 낭림산맥을 타고 진출한 중공군에게 포위될 위험을 걱정한 국제연합군 지휘부는 빠르게 부대들을 후퇴시켰다. 중공군의 공격에 효과적으로 대응할 방안을 찾지 못한 터라서 중공군에 대한 두려움이 국제연합군을 사로잡았다.

이처럼 혼란스러운 상황에서 12월 23일 서부 전선을 지휘하던 8군 사령관 워커 장군이 교통사고로 순직했다. 그는 제2차 세계대전에서 패튼(George Smith Patton) 장군의 3군 예하 20군단을 지휘했고 6.25 전쟁에선 현지 사령관으로 어려운 전황 속에서 낙동강 전선을 지켜냈다. 그의 판단은 늘 현실적이었지만 맥아더는 그를 높이 평가하지 않았다. 만일 그의 판단이 작전에 보다 많이 반영되었다면 전쟁의 흐름과 한반도의 역사가 크게 바뀌었을 터이다. 특히 그는 아군이 한반도에서 폭이 가장 좁은 평양과 원산을 잇는 선에서 멈춰 방어하는 작전을 선호했다. 그런 작전 계획은 중공군의 개입 가능성에 대한 좋은 대책이었다. 안타깝게도 그의 발언권은 맥아더의 권위 앞에서 너무 작았고 낙동강 전선을 지켜낸 명장은 혼란스러운 후퇴 과정에서 허무하게 삶을 마감했다.

워커 중장의 후임인 리지웨이 중장은 합동참모본부와 맥아더 사령부의 지지를 함께 받을 만큼 신망이 두터웠다. 아울러 그는 전임자보다 훨씬 큰 권한을 지녔다. 중공군의 대규모 개입과 아군의 참패는 맥아더의 권위에 치명적 타격이 되었다. 맥아더의 권위가 추락하자 리지웨이의 발언권은 자연스럽게 강화되었다. 무엇보다도 그는 10군단도 지휘하게 되어서 처음부터 자신의 생각에 따라 한반도에서 작전을 펼칠 수 있었다.

한국을 버리고 떠나지 않겠다는 약속으로 한국 정부 지도자들과 한국군 지휘부를 안심시키자 리지웨이는 중공군에 대한 두려움으로 패배주의에 빠진 아군을 다시 일으켜 세우는 일에 착수했다. 그의 구상은 아군의 능력이 허락하는 한 되도록 빨리 공세로 전환하는 것이었다. 그렇게 하기 위해서는 아군의 떨어진 사기를 높이고 전의를 북돋워야 했다. 그는 바로 전선 시찰에 나섰다.

리지웨이가 만난 군대는 전의를 잃은 군대였다. 아군은 지휘관들부터 병사들에 이르기까지 모두 정신적으로 위축된 상태였고 적과 싸워서 이길 수 있다고 믿지 못했다. 『한국전쟁』에서 그는 당시 상황을 이렇게 술회했다.

"길에서 만난 병사들은, 내가 말을 걸고 불평을 듣기 위해 불러 세운 병사들은 이 군대가 자신들이나 자신들의 지휘관들을 믿지 못하고 자신들이 무엇을 하고 있는지 제대로 알지 못하고 그저 고국으로 돌아가는 수송선의 기적을 언제 듣게 될까 생각하는, 당황한 군대라는 확신을 내게 주었다. 이 군대가 싸우려는 마음을 다시 지니도록 하려면 많은 일들을 해야 한다는 것은 분명했다."

리지웨이는 그런 상황을 미군 병사들의 책임으로 돌리지 않았다. 미국은 지상전을 할 준비가 전혀 되지 않은 상태에서 아주 어려운 전쟁에 참가한 것이었다. "우리가 전쟁에 대비하지 못했던 적이 있었다면 이번 경우였다(If ever we were unprepared for a war, we were on this occasion)."고 그는 말했다. 그는 오히려 미군 병사들이 그렇게 어려운 여건 속에서 그렇게 용감하고 끈기 있게 싸운 것을 '기적'이라고 평했다.

대신 그는 지휘관들을 꾸짖었다. 특히 고지들을 버리고 오직 길을 따라 기동하는 관행을 질타했다. 편안하게 싸우려는 태도 때문에 고지들을 버리고 길만 따라가는 것은 보병 선배들을 욕되게 하는 수치스러운 일임을 지적했다. 그리고 미군의 오래된 구호를 지휘관들에게 거듭 상기시켰다. "그들을 찾아내라! 그들을 묶어라! 그들과 싸워라! 그들을 끝내버려라(Find them! Fix them! Fight them! Finish them!)!"

그의 기본 전략은 우세한 화력과 기동력으로 중공군이 지닌 병력에서의 우세를 꺾자는 것이었다. 그래서 그는 보병, 포병, 기갑의 협동을 강조했고 해군과 공군의 지상 작전에 대한 지원을 보다 효율적으로 만들려 애썼다. 특히 포병 부대의 증강을 시도했다.

11장

중공군의 '3차 공세'와 서울 함락

리지웨이가 자신이 지휘하는 군대를 추스르기 전에, 중공군은 다시 대규모 공격 작전에 나섰다. 중공군이 '3차 공세'라 부르는 이 작전에는 중공군 6개 군과 북한군 3개 군단이 투입되었다(중공군의 '1차 공세'는 1950년 10월 25일 운산 동쪽 온정리에서 중공군 120사단이 한국군 1사단을 공격한 시점부터 11월 2일의 운산 전투에 이르기까지 중공군이 수행한 일련의 공격 작전을 가리킨다. '2차 공세'는 11월 25일 시작된 국제연합군의 총공세에 맞선 역공으로 서부 전선의 청천강과 동부 전선의 장진호를 중심으로 펼쳐진 중공군의 공격 작전을 가리킨다).

1950년 12월 31일 05시 공산군은 일제히 국제연합군을 공격했다. 공산군의 공격은 전반적으로 성공했지만 두드러진 전과는 한국군이 지킨 서부 전선에서 나왔다. 중공군 40군, 39군, 38군 및 50군은 임진강을 건너 한국군 1사단과 6사단 정면을 공격했다. 한국군은 기습을 예상하지 못해서 중공군의 공격에 제대로 대응하지 못했다. 그래서 두 사단들은 서로 분리되었고 전선은 무너졌다.

그러나 중공군은 두 한국군 사단의 퇴로를 차단할 저지 진지를 마련하는 데 실패해서 한국군은 붕괴되지 않고 후퇴할 수 있었다. 중공군 좌익 42군과 66군은 한국군 2사단의 2개 연대와 5사단의 1개 연대를 포위해서 격파했다. 한국군 포병의 손실이 커서 60문의 야포가 중공군에 넘어갔다. 중부 전선에서 영국군 29여단과 미군 1기병사단이 분전했지만 1951년 1월 3일 오전까지 공산군 부대들은 남쪽으로 8 내지 10마일 진격했다.

상황이 그렇게 나빠지자 리지웨이는 한강 북쪽에 국제연합군 주력이 묶일 위험을 걱정하게 되었다. 그래서 1월 3일 15시 그는 전반적 후퇴를 명령했다. 이튿날 저녁 공산군이 다시 서울을 점령했다 (이른바 '1.4후퇴').

그러나 중공군은 공세를 계속할 힘이 없었다. 근본적 원인은 병력의 피로와 보급의 부족이었다. 중공군을 특히 괴롭힌 것은 맹렬한 추위였다. 동상에 걸린 병사들이 무척 많았고 동사자들도 적잖이 나왔다. 이런 사정을 잘 아는 펑더화이는 1월 8일 모든 부대에 주력을

38선 이북으로 이동시켜서 회복과 재정비에 들어가라는 명령을 내렸다.

'3차 공세'로 중공군은 큰 전과를 거두었다. 공산군은 38선을 돌파하고 국제연합군을 80마일 가량 남쪽으로 밀어냈다. 중공군의 보고에 따르면 국제연합군의 병력 손실은 1만 9,000명을 넘었지만 공산군의 손실은 중공군이 5,800명이었고 북한군이 2만 7,000명이었다.

공세를 멈추기로 한 펑더화이의 결정은 합리적이었다. 그러나 북한 지도부는 '3차 공세'에서 얻은 전과에 만족하지 않았다. 김일성 수상과 박헌영 부수상은 중공군 지휘부를 방문해서 펑더화이에게 공격을 계속해서 "남조선을 해방하라."고 요구했다. 그들은 주북한 소련대사도 자신들의 견해에 동조한다고 강조했다. 그러나 펑더화이는 그들의 요구를 물리쳤다. 주북한대사의 보고를 받은 스탈린은 펑더화이의 결정이 합리적이라고 인정하면서 공군 지원을 약속했다.

중공군이 38선을 돌파하고 서울을 점령하자 베이징의 중국 지도부는 크게 고무되었다. 1951년 1월 5일자 「인민일보」는 "서울의 수복은 다시 한 번 중국인민지원병들과 조선인민군의 불굴의 힘을 증명했다. 미국 공군, 해군, 전차 및 포병의 절대적 우위는 위대한 중국-조선 군인들에 대한 방어 및 공격 작전에서 쓸모가 없다는 것이 증명되었다."고 자랑했다.

12장

중공군의 '4차 공세'와 지평리 전투

중공군의 '3차 공세'가 예상보다 큰 성과를 거두자 중국과 북한의 지도부는 신속한 승리를 확신하게 되었다. 이런 판단은 중공군 지휘관들에게 거대한 압력으로 작용했다. 그러나 그들은 공격 작전에 회의적이었다. 중공군은 잇따른 전투들로 무척 피로했고 무엇보다도 보급이 부족해서 전투력이 크게 떨어진 상태였다. 펑더화이는 중공군이 미군을 지속적으로 압박할 능력이 없다고 마오쩌둥에게 보고했다. 그러나 마오는 낙관적 전망을 고집했다.

반면에 잇따른 패전들로 사기가 떨어진 국제연합군을 추슬러 반격에 나서겠다는 리지웨이의 전략은 성공해서 국제연합군은 빠르게 능력을 회복했다. 중공군의 공세가 주춤해지자 적군의 상태를 알기 위해 리지웨이는 위력 수색 작전을 지시했다. 위력 수색에서 한강 이남엔 중공군이 그다지 많지 않다는 것이 드러나자 그는 반격에 나섰다.

1951년 1월 28일 마오쩌둥은 펑더화이에게 현재 위치에서 60마일 남쪽인 36도선까지 진격하라고 명령했다. 펑더화이는 전선의 현실을 고려해서 조심스러운 작전 계획을 마련했다. 서부 전선에선 한강 남쪽의 교두보를 강화하여 국제연합군의 서울 탈환을 막으면서 동부 전선에선 공산군이 물러나 한국군이 전진하도록 유도한 뒤 포위해서 섬멸한다는 전략이었다.

그러나 국제연합군의 반격은 예상보다 빨리 그리고 거세게 나왔다. 특히 한강 남안의 교두보를 지키는 중공군 38군과 50군에 대한 미군 1기병사단 및 24사단, 영국군 27여단, 그리스군 1개 대대 그리고 한국군 6사단의 공격이 거셌다. 그래서 중공군 지휘부는 중부 전선에 대한 공세를 통해서 한강 남안 교두보에 대한 국제연합군 공세를 누그러뜨리려 했다.

마침내 1951년 2월 11일 오후. 동부 전선의 중공군을 지휘한 덩화(鄧華) 중장은 횡성에 있던 한국군 8사단에 대한 공격을 명령했다. 중공군 '4차 공세'의 시작이었다. 2월 12일 중공군은 8사단 정면을 공격하면서 병력을 침투시켜 포위를 시도했다. 비록 중공군의 포위 작전은 성공하지 못했지만 전투에선 큰 성과를 얻었다. 한국군 8사단은 궤멸되었고 미군 2사단, 한국군 3사단 및 5사단은 상당한 손실을 입고 원주로 물러났다. 중공군은 7,800명이 넘는 포로를 얻었다.

횡성 전투에서 승리하자 중공군은 바로 지평리에 주둔한 국제연합군에 대한 공격에 나섰다. 고립된 국제연합군 부대에 대한 공격 작전인지라 덩화는 쉬운 승리를 얻으리라고 기대했다.

동서로 놓인 중앙선과 홍천에서 여주로 가는 도로가 교차하는 요충인 지평리는 2월 3일부터 미군 23연대전투단(Regimental Combat Team)이 지키고 있었다. 미군 2사단 23연대장 프리먼(Paul L. Freeman) 대령이 지휘하는 이 부대는 23연대를 중심으로 프랑스군 1개 대대, 1유격중대, 37야전포병대대, 503야전포병대대 B포대, 82방공포병대대 B포대 그리고 2전투공병대대 B중대로 이루어졌으며 총 병력은 5,400명가량 되었다.

프리먼 대령은 지평리 둘레의 높은 산들 대신 가까운 야산들을 방어선으로 삼았다. 병력이 적어서 방어 지역이 커지면 방어선이 약해질 터였다. 그가 고른 방어 지역은 길이가 2마일이고 폭이 1마일인 장방형 진지였다. 이런 선택은 합리적이었다. 중공군이 높은 산들을 점령해도 개인 화기들은 아군 진지에 미치지 못하고 중공군은 장거리 야포들을 많이 보유하지 못했으므로 좁은 지역에 집결된 아군에게 큰 피해를 주기 어렵다는 점을 고려한 것이었다.

당시 전황은 아군에게 점점 불리해지고 있었다. 전선 동쪽을 맡은 한국군의 전열이 무너지면서 미군 부대들의 오른쪽 측면이 위협을 받았다. 그래서 미군 부대들도 서둘러 물러날 수밖에 없었다. 전선이 남쪽으로 물러나자 지평리 지역은 전선의 돌출부가 되었다. 게다가 이 지역으로 점점 많은 중공군이 모여들어서 23연대전투단은 압도적인 중공군에게 포위될 상황이 되었다. 실제로 그들을 구원하기 위해 파견된 부대들이 중공군에게 막혀서 지평리에 이르지 못하고 있었다.

2월 12일부터 프리먼 대령은 철수 허가를 거듭 요청했다. 그러나 리지웨이는 철수를 허락하지 않았다. 대신 "만일 23연대전투단이 지평리에 남아서 싸운다면, 꼭 구원군을 보내겠다. 필요하다면 8군 모두를 동원하겠다."고 프리먼에게 약속했다.

리지웨이가 그렇게 지평리에 집착한 까닭은 둘이다. 하나는 남한강 바로 북쪽에 있는 지평리가 한강 남안의 방어선을 유지하는 데 결정적으로 중요하다는 사실이었다. 맥아더는 2월 11일 한강 남안의 방어선을 지킬 수 있으리라고 워싱턴에 보고했고, 리지웨이는 그렇게 하겠다고 맥아더에게 확약한 터였다. 따라서 그로선 한강의 교두보 격인 지평리를 꼭 지켜야 했다.

다른 하나는 그가 지평리 고수 작전을 '중공군의 우세한 병력에 미군의 우세한 화력으로 맞선다'는 자신의 전략을 시험하는 마당으로 삼았다는 사실이다. 우세한 중공군에게 완전히 포위된 상태에서도 적군의 공격을 아군의 우세한 화력으로 막아낼 수 있다고 그는 자신했다.

리지웨이가 비교적 작은 부대로 하여금 지평리를 고수하라고 명령해서 중공군에게 포위되도록 한 것은, 비록 우세한 화력으로 적군의 공격을 막아낼 수 있다는 판단에 따른 결정이었지만 무모하게 보일 만큼 과감한 실험이었다. 그런 결정을 이해하려면 리지웨이의 경력을 살펴야 한다.

리지웨이는 1895년 3월 3일 미국 버지니아 주의 몬로 기지(Fort Monroe)에서 태어났다. 부친 토머스 리지웨이가 포병 대령이었으므로 그는 미군 기지에서 태어났고 여러 기지들을 옮겨 다니면서 자랐다. 그는 어릴 적에 대해 "첫 기억들은 대포들과 행진하는 군인들 그리고 기상호포 소리에 일어나고 밤에는 '소등나팔 신호(Taps)'의 달콤하고 슬픈 가락이 하루를 공식적으로 마감할 때 잠자리에 들던 것이다."라고 술회했다.

1917년 리지웨이는 웨스트포인트의 육군사관학교를 졸업하고 소위로 임관했다. 그해 그는 줄리아 캐럴라인 블라운트와 결혼했다 (그들은 딸 둘을 두었으나 1930년에 이혼했다).

1939년 유럽에서 제2차 세계대전이 일어나자 리지웨이는 육군참모총장 마셜(George Marshall) 대장에 의해 전쟁계획부(War Plan Division)에 배치되었다. 그는 1942년 1월까지 거기서 일했고 준장으로 진급했다.

1942년 8월 리지웨이는 소장으로 진급해서 82공수사단을 지휘했다. 당시 미군은 5개 공수사단을 새로 만들기로 결정했고 원래 보병사단이던 82사단도 단숨에 공수사단으로 변신했다. 이런 변신은 선례가 없는 일이었지만 리지웨이는 그 과업을 잘 수행해서 82공수사단을 전투에 임할 수 있는 부대로 만들었다.

1943년 7월 그는 시실리 공수 침공 계획의 입안에 참여했고 그 침공 작전에서 82공수사단을 이끌었다. 1944년 5월의 노르망디 작전에서 그는 부대원들과 함께 낙하해서 싸웠다. 1944년 9월 그는 18공수군단장에 임명되어 발지 전투(Battle of the Bulge)에 참여했다. 1945년 3월엔 독일로 진격했고 '바시티 작전(Operation Varsity)'을 수행하다가 수류탄 파편으로 어깨에 부상을 입었다. 1945년 6월엔 중장으로 진급했다.

전쟁이 끝난 뒤 리지웨이는 필리핀, 지중해, 국제연합, 카리브해에서 부대를 지휘했다. 1947년 그는 셋째 부인 메어리 프린세스 앤서니 롱과 결혼했다. 1949년엔 육군 행정담당 부참모장이 되었다. 6.25전쟁이 일어났을 때는 국방성에서 육군 작전 및 행정 담당 부참모장으로 근무하고 있었다.

제2차 세계대전에서 82공수사단과 18공수군단을 지휘했던 터라 리지웨이는 적군의 포위를 그리 두려워하지 않았다. 그리고 탄약과 보급품이 충분히 공수될 수 있었으므로 23연대전투단이 중공군의 공격을 막아낼 수 있으리라고 보았다. 적진에 공수되어 적군의 공격을 받으며 방어진지를 구축하는 임무를 수행해온 그에게 미리 방어진지를 마련하고 적군을 기다리는 것은 수월하고 여유로운 임무로 보였을 것이다.

예상대로 중공군은 2월 13일 밤에 공격해왔다. 이 공격에 투입된 중공군 부대들은 115사단의 344연대, 119사단의 356연대, 120사단의 359연대 그리고 126사단의 376연대였다. 중공군은 22시에 공격준비사격을 하고 23시 30분에 사방에서 공격을 시작했다. 아군이 이 공격을 잘 막아내자 중공군은 새벽에 둘레의 고지들로 물러났다.

13일 밤의 전투에서 23연대전투단은 100명 가량의 사상자들을 냈다. 중공군의 손실은 훨씬 컸다.

14일 낮엔 일본에서 날아온 수송기들이 23연대전투단에 필요한 물자들을 투하했다. 고립된 이 부대를 구원하려는 노력도 시작되었다. 이 부대의 주보급로인 여주에서 지평리에 이르는 24번 도로를 다시 열기 위해서 영국군 27여단이 북상했다. 그러나 그 도로를 막은 중공군의 완강한 저항에 부딪쳐 27여단은 지평리 남쪽 7마일 지점에서 멈췄다. 영국군의 진격이 부진하다는 소식을 듣자 미군 1기병사단 5기병연대가 여주에서 24A번 도로를 따라 북상하기 시작했다. 그러나 이 부대도 지평리 남쪽 8마일 지점에서 끊어진 다리를 우회하기 위해 멈췄다. 그래서 23연대전투단은 14일 밤에도 원군 없이 중공군과 싸워야 했다. 중공군은 치열한 공격준비사격에 이어 사방에서 아군 진지를 압박했지만 23연대전투단은 2차 방어선에서 중공군을 저지했다. 그리고 15일 낮에 포병과 전차의 화력을 집중하고 공중 지원을 받아 16시 30분에 가까스로 중공군을 몰아낼 수 있었다. 그때 5기병연대의 구원군이 이르렀다. 두 부대들은 협력해서 물러나는 중공군을 공격했다.

이 싸움에서 입은 중공군의 손실은 무척 커서 미군의 추산으로는 4,946명이나 되었다. 23연대전투단의 손실은 전사자 52명, 전상자

259명, 실종자 42명이었다. 지평리 전투에서 패배함으로써 중공군의 '4차 공세'는 동력을 잃었다.

지평리 전투가 중공군의 참패로 끝나자 덩화는 패전의 책임이 자신에게 있다고 자아비판을 했다. 첫째, 지평리의 국제연합군에 대한 중공군의 정보가 부족해서 중공군 지휘부는 국제연합군 병력을 상당히 낮추어 잡았다. 중공군은 4,000명 정도로 생각했으나, 실제 병력은 5,400명이었다. 그리 큰 차이는 아니었지만 국제연합군을 실제보다 가볍게 본 것은 사실이었다.

둘째, 덩화는 원주로 물러난 국제연합군이 계속 물러나고 지평리 부대의 병력을 강화할 리 없다고 믿었다. 그런 판단 아래 중공군은 구원 부대가 지평리에 이르지 못하도록 저지 진지를 미리 확보하는 일을 소홀히 했다. 그래서 구원군이 비교적 수월하게 지평리에 닿을 수 있었다.

셋째, 덩화는 국제연합군이 이전처럼 황급히 후퇴하리라 예상하고서 지평리의 국제연합군 부대에 대한 공격을 서둘렀다. 그래서 중공군은 준비가 덜 된 상태에서 공격에 나섰다. 특히 공격하는 연대들은 서로 다른 사단들에서 차출되었고 그 사단들은 서로 다른 군에 속했다. 그래서 공격 부대들은 서로 직접 교신할 수 없었고 작전의 조율이 어려웠다. 아울러 공격 부대들은 포병 화력 지원을 거의 받지 못했다.

덩화는 적군을 얕잡아보고 준비를 소홀히 한 책임을 선선히 지었지만 펑더화이는 지평리 전투에서의 패전에는 보다 근본적 요인이 작용했다고 판단했다. 2월 17일 마오쩌둥에게 올린 보고에서 펑더화이는 "적군의 이번 공세는 1차 및 2차 공세와 다릅니다. 적군은 보다 많은 병력을 배치했고 동부와 서부 부대 사이의 틈들을 메웠습니다. 적군은 서로 자주 연락하고 상당한 전투 종심을 유지하면서 함께 전진해옵니다."라고 설명했다. 반면에 전선의 중공군 6개 군은 보충 병력과 물자 부족으로 전투 능력이 제약되었다는 점을 그는 강조했다.

지평리 전투는 그리 크지 않은 싸움이었다. 작전 기간 중에 동원된 병력은 아군 2개 연대와 중공군 6개 연대였다. 사흘에 걸쳐 지평리에서 벌어진 싸움 자체엔 아군 1개 연대전투단과 중공군 4개 연대가 투입되었다. 규모에서나 기간에서나 큰 싸움은 아니었다. 그러나 그 싸움의 영향은 더할 나위 없이 컸다.

지평리 전투에서의 승리는 중공군에 줄곧 패배해서 두려움에 질린 아군이 잃어버린 자신감을 되찾는 계기가 되었다. 적진 속에 고립된 작은 부대가 몇 배나 되는 중공군의 공격을 막아내면서 큰 전과를 올린 이 전투는 중공군이 맞설 수 없을 만큼 강한 군대가 아니라는 사실을 아군 지휘관들과 병사들에게 알려주었다.

아울러 지평리 전투는 리지웨이가 고안한 전략의 타당성을 증명해 주었다. 그는 중공군의 우세한 병력을 아군의 우세한 화력으로 대응해야 한다고 주장했는데 지평리 전투는 그 전략이 중공군이 선택한 싸움터에서도 가능함을 보여주었다. 그 뒤로 아군은 우세한 화력으로 적군의 출혈을 강요하는 작전을 펼쳐서 성과를 거두었다.

지평리 전투에서 참패함으로써 중공군의 기세는 크게 꺾였고 전세는 반전되었다. '4차 공세'에서 공산군이 입은 손실은 5만 3,000명으로 추산된다. '4차 공세'의 실패로 중공군 지휘부는 단숨에 전쟁에서 이길 수 있다는 꿈을 버려야 했다.

13장

중공군의 마지막 공세

지평리 전투에서 타당성이 증명된 리지웨이의 전략은 효과를 거두어, 아군이 지닌 화력에서의 우세는 중공군이 지닌 병력에서의 우세를 상쇄하고도 남았다. 반면에 중공군은 보급에 큰 어려움을 겪었다. 중공군의 빠른 남진으로 보급선이 갑자기 길어진 데다가 아군의 끊임없는 공습으로 보급로가 자주 끊겨서 전력이 약화되었다. 게다가 동상을 비롯한 각종 질병들이 작지 않은 피해를 입혔다. 그래서 한국군이 맡은 전선에서의 돌파를 확대하지 못했고 오히려 아군의 역습으로 손실을 입곤 했다.

자연히 전선은 차츰 북쪽으로 옮겨갔다. 마침내 3월 15일 한국군 1사단은 한강을 건너 서울을 되찾았다. 이어 아군은 '캔서스 선(Line

Kansas)'까지 진출했다. 캔서스 선은 38선을 확보하기 위해 서해안 임진강 하구에서 동해안 양양에 이르기까지 전술적으로 타당한 고지들을 엮어 만든 방어적 통제선이었다.

38선에 이르자 아군은 북한 지역으로 진격한다는 논점에 다시 부딪혔다. 이 논점은 트루먼 대통령과 맥아더 원수 사이에 격심한 불화를 낳았다. 당시 트루먼 정권은 유럽의 동맹국들로부터 한국에서의 전쟁을 제한하라는 압력을 받고 있었다. 아시아에서의 전쟁에 미국이 몰입하면 유럽에 대한 미국의 관심과 군사적 보장은 상대적으로 줄어들 수 있다고 서유럽은 걱정했다. 트루먼 정권은 소련이 한국전쟁에 참가하는 상황도 걱정했다. 그들은 소련이 보복적으로 유럽을 공격할 가능성에 크게 마음을 썼다. 그래서 트루먼 정권은 휴전을 원했다.

맥아더는 전쟁을 제한하려는 움직임을 반대했고 자신의 권한에 대한 제약에 반감을 품었다. 그는 전쟁을 확대해서 중국 본토에 대한 공격을 포함하는 방안을 내놓았다. 맥아더가 자신의 주장을 공식적으로 발표하자 트루먼은 그것을 대통령의 권위에 대한 도전으로 여겨 1951년 4월 10일 맥아더 원수를 해임했다(당사자에 가까운 리지웨이는 트루먼 정권의 견해를 지지했다).

리지웨이가 맥아더의 후임이 되었고 8군 사령관엔 밴 플리트(James

A. Van Fleet) 중장이 임명되었다. 밴 플리트(1892~1992)는 1915년 웨스트포인트의 육군사관학교를 졸업했다. 그의 동기생들 가운데엔 뛰어난 장군들이 유난히 많았는데 아이젠하워(Dwight D. Eisenhower) 원수와 브래들리 원수는 특히 큰 업적을 남겼다. 제1차 세계대전에서 퍼싱(John J. Pershing) 장군이 이끈 원정군에서 대대장으로 활약했고, 제2차 세계대전에선 연대장으로 노르망디 상륙작전에 참가했다. 또한 패튼 장군의 3군에서 사단장과 군단장으로 활약했다. 이어 그리스 내전에서 공산주의자들의 반란을 진압하는 데 수훈을 세웠다.

그 당시 중공군은 대규모 공격 작전을 준비하고 있었다. 중공군은 '5차 공세'라 부르고 아군은 '중공군의 춘계 공세'라 부른 이 작전은 한강 이북의 국제연합군을 격파하고 서울을 점령하는 것을 목표로 삼았다.

이 목표의 달성을 위해 펑더화이는 약 27만 명에 이르는 3개 병단(집단군)을 투입했다. 21병단은 서쪽 전선을 맡아 임진강 하구로부터 임진강과 한탄강의 합류점까지의 지역에서 공격하기로 되었다. 3병단은 중앙 지역을 맡아 임진강과 한탄강의 합류점으로부터 철원에 이르는 지역에서 33번 도로를 따라 공격하기로 되었다. 9병단은 동쪽 지역을 맡아 금화 지역에서 3번 도로를 따라 공격하기로 되었다.

중공군의 공격 계획은 3개의 조공도 포함했다. 서쪽에선 북한군 1군단이 한강과 1번 도로 사이로 남하해서 서울을 향하기로 되었다. 동쪽에선 화천댐 지역에서 중공군 13병단 예하 39군과 40군이 공격하기로 되었다. 그리고 화천댐 동쪽에선 북한군 3군단과 5군단이 양구와 인제를 공격하기로 되었다.

1951년 4월 22일 중동부 전선에서 미군 24사단, 25사단 및 터키군 여단은 철원과 김화를 향해 진격했다. 다른 국제연합군 부대들은 움직이지 않았으므로 이 부대들은 적진으로 너무 깊숙이 들어간 형국이 되었다. 중공군 지휘부는 이런 상황을 공격 작전을 여는 좋은 기회로 여겼다. 그날 17시에 중공군 지휘부는 전군에 공격 명령을 내렸다. '5차 공세 1단계'가 시작된 것이었다.

중공군의 갑작스러운 공세는 아군의 전선에 큰 충격을 주었고 아군의 전반적 후퇴로 이어졌다. 가장 위태로운 상황은 미군 9군단이 맡은 구역에서 나왔다. 중공군의 공격이 시작되자 한국군 6사단은 싸우지도 않고 무너져서 장병들이 무기들과 장비들을 버리고 남쪽으로 도망쳤다. 6사단의 패주는 왼쪽의 미군 24사단과 오른쪽의 미군 1해병사단의 측면을 적군에게 노출시켰다. 그래서 그 부대들도 급히 뒤로 물러났다. 미군 1군단 지역에서도 중공군의 대규모 공격으로 부대들이 남쪽으로 밀려났다.

그러나 중공군 지휘부의 예상과 달리 국제연합군은 완강하게 저항했다. 중공군의 주요 공격 목표가 서울이었으므로 중공군의 공세는 서부 전선에서 가장 거셌다. 그러나 국제연합군이 불리한 상황에서도 분전한 덕분에 공산군의 공세는 큰 성과를 거두지 못했다. 영국군 29여단의 영웅적 분전은 대표적이었다.

당시 아군의 서부 전선은 미군 1군단이 맡았다. 맨 서쪽은 한국군 1사단이 맡았고, 그 동쪽엔 고랑포리를 중심으로 미군 3사단이 자리 잡았다. 다시 그 동쪽에 미군 25사단이 배치되었다.

미군 3사단 구역에서 좌익은 영국군 29여단이 맡았고 우익은 3사단의 65연대가 맡았다. 영국군 29여단에는 벨기에 대대가 배속되었다.

영국군 29여단 구역에서 좌익은 글로스터셔(Gloucestershire) 연대의 1대대가 맡아서 적성과 설마리에 자리 잡았다. 여단 구역 중앙엔 로열 노섬버랜드 푸질리어스(Royal Northumberland Fusiliers) 연대의 1대대가 자리 잡았다. 우익엔 벨기에 대대가 임진강 북쪽에 자리 잡았다. 예비 부대들은 로열 얼스터 라이플스(Royal Ulster Rifles)의 1대대 그리고 제8 킹스 로열 아이리시 후사스(8th King's Royal Irish Hussars)의

C전차중대였는데 11번 도로를 따라 배치되었다.

29여단 구역에선 중공군 63군의 187사단이 임진강 북쪽의 벨기에 대대를 공격했다. 임진강을 건너는 다리를 확보하고서 강을 건너자 중공군은 바로 노섬버랜드 대대를 공격했다. 이 공격에서 중공군은 남쪽으로 도로 교차점을 감제하고 북쪽으로 임진강의 다리들을 감제하는 257고지를 확보했다. 이처럼 노섬버랜드 대대가 전투 초기에 중요한 지점을 적에게 내준 것은 전투에 결정적 영향을 미쳤다. 29여단장 브로디(Thomas Brodie) 준장은 예비 부대들과 3사단의 증원군을 투입했지만 끝내 257고지를 되찾지 못했다. 그래서 임진강 북쪽의 벨기에 대대는 퇴로를 끊긴 채 중공군의 포격 속에 임진강을 건너야 했고 큰 피해를 입었다.

글로스터셔 대대는 거듭된 중공군의 공격을 막아내면서 큰 손실을 입혔다. 그러나 중공군이 워낙 많은 병력을 투입했으므로 대대는 차츰 전력이 약화되어 대대 본부가 있는 235고지 둘레에 새 진지를 마련했다. 그런 상황에서도 글로스터셔 대대는 중공군의 공격들을 잘 막아냈다.

마침내 4월 25일 글로스터셔 대대는 후퇴 명령을 받았다. 09시 30분에 대대장 칸(James P. Carne) 중령은 후퇴 명령을 내렸고 10시에 선두인 A중대가 남쪽으로 향했다. C중대와 대대 본부가 그 뒤를 따랐다. 후위는 D중대가 맡았다. 가장 오른쪽에 자리 잡아서 대대의 다른 부대들과 멀었던 B중대는 가장 큰 피해를 입어서 실질적으로 없어졌다. 칸 대대장이 50여 명의 중상자들과 함께 235고지에 남겠다고 하자 군의관, 군목 그리고 위생병들 몇이 그와 함께 남겠다고 자원했다.

남쪽으로 향한 대대의 주력은 중공군에게 포위되어 공격을 받았다. 장교들의 명령에 따라 병사들은 무기를 놓고 항복했다. 그러나 후위를 맡은 D중대는 홀로 북쪽으로 향했다. 중대장 하비(Mike Harvey) 대위는 남쪽 길이 후위인 D중대엔 너무 위험하다고 판단해서 중공군이 예상하지 못한 길을 고르기로 했다. 그래서 235고지의 가파른 동북쪽 사면을 따라 내려가다가 한국군 1사단 지역을 찾아 서쪽으로 향했다. 마침 1사단장 강문봉 준장은 중공군에게 빼앗긴 우익 구역을 되찾고 영국군 29여단과 연결하기 위해서 12연대 2대대와 2개 전차 소대를 이 지역에 보내어 중공군과 싸우고 있었다. 덕분에 D중대는 중대장과 39명의 대원이 귀환했다.

전투가 끝난 뒤 글로스터셔 대대 850명 가운데 169명이 귀환했다. 나머지는 죽거나 중공군에게 포로가 되었다. 29여단은 1,000명의 사상자를 냈다. 중공군의 사상자는 1만 명으로 추산되었다.

글로스터셔 대대의 희생은 컸지만 그들과 다른 29여단 부대들의 분전은 중공군의 갑작스러운 공세에 밀리던 아군에게 숨 돌릴 시간을 벌어주었다. 헤이스팅스(Max Hastings)의 평가대로, "그들은 임진강의 그 사흘 동안 공산군의 춘계 공세의 한 팔을 부러뜨렸다(They broke one arm of the Communist spring offensive in those three days on the Imjin)."

14장

한국군의 분전

1951년 4월에 중공군이 시도한 '5차 공세 1단계'는 결국 중공군의 패배로 끝났다. 한국군 6사단이 싸우지도 못하고 무너지면서 중부 전선에 큰 돌파구가 생겼고 그 영향은 온 전선에 미쳤다.

그러나 국제연합군의 완강한 저항은 중공군이 그런 돌파구를 확대하는 것을 막았고 임진강 전투와 같은 국제연합군의 분전은 중공군의 진출을 더디게 했다. 이처럼 중공군의 공세가 무뎌지자 중공군의 결정적 약점인 보급 능력의 부족이 드러나기 시작했다.

그래서 중공군은 목표인 서울에 가까이 다가가지도 못한 채 큰 손실을 입고 뒤로 물러났다. 4월 22일에서 29일까지 미군의 전사자는 314명이었고 전상자는 1,600명이었다. 미군 자료에 따르면 4월 22일에서 30일까지 중공군이 입은 손실은 확인 전사자 1만 3,349명, 추정 전사자 2만 3,829명, 포로 246명이었다.

이처럼 큰 손실에도 불구하고 밴 플리트는 중공군이 "이전처럼 세차게 또는 더 세차게" 다시 공격할 능력이 있다고 5월 1일 경고했다. 당시 중공군은 54만 2,000명가량이고 북한군은 19만 7,000명이 넘는다고 추산되었다.

그동안 미군과의 전투들을 치르면서 중공군 지휘부는 "무기의 열세를 병력으로 메운다."는 기본 교리를 고집하기 어렵다는 것을 인정하게 되었다. 미군의 화력과 기동력이 워낙 뛰어났기 때문이다. 이런 상황을 고려해서 중공군 지휘부가 마련한 전략은 미군 주력이 맡은 서부와 중부 전선 대신 전력이 훨씬 약한 한국군이 맡은 동부 전선을 공격하는 작전이었다. 당시 동부 전선은 한국군 6개 사단이 맡았으니 5사단과 7사단은 미군 10군단의 우측을 맡았고 그 동쪽엔 3군단의 3사단과 9사단이 있었다. 동해안 지역은 1군단의 수도사단과 11사단이 지키고 있었다.

5월 16일까지 펑더화이는 3병단 예하 12군, 15군 및 60군, 그리고 9병단 예하 20군과 27군의 5개 군을 동쪽으로 이전시켜 춘천과 인제 사이의 소양강 계곡에 배치했다. 중공군의 부대 이동에 대해 미군은 단편적인 첩보들만을 얻었고 그나마 그것들에 큰 무게를 두지 않았다. 보급에 큰 어려움을 겪는 중공군이 보급이 더욱 어려운 동부 산악 지대에 대규모 부대들을 투입하지 않으리라고 판단한 것이었다. 그래서 동부 전선에서 대규모 돌파를 시도한 중공군의 전략에 미군 사령부는 제대로 대비하지 못했다.

중공군 15군, 12군 및 27군이 맡은 주공의 목표는 동부의 한국군 6개 사단을 미군 8군의 다른 부대들과 분리시킨 뒤 섬멸하고 한국군 바로 서쪽에 자리 잡은 미군 2사단을 격파하는 것이었다. 중공군의 주공을 도와서 북한군 5군단과 2군단이 각기 한국군 3군단 지역과 1군단 지역에서 공격하기로 되었다.

5월 16일 중공군이 공격하자 중공군의 예상대로 한국군은 중공군의 공격에 효과적으로 대응하지 못했다. 중공군 27군의 강력한 공세 앞에 한국군 5사단과 7사단은 방어선을 지킬 수 없었다. 자정 무렵 알몬드 10군단장은 두 사단들의 후퇴를 승인했다. 야간에 우세한 적군의 강력한 공세를 받으면서 물러나는 상황이 되자 두 한국군 사단은 이내 무너졌다.

한국군의 급속한 붕괴는 미군 2사단의 우측을 적에게 노출시켰다. 더욱 큰 문제는 중공군의 선봉인 81사단이 한국군 3군단의 유일한 보급로이자 퇴로인 좁은 도로를 상암리의 고개 오마치에서 막았다는 사실이었다. 처음에 한국군 3군단은 북한군의 공격을 잘 막아냈다. 그러나 미군 10군단 예하 한국군 5사단과 7사단이 후퇴하게 되었고, 3군단 예하 9사단과 3사단도 물러나게 되었다. 중공군이 이미 점령한 오마치를 뚫지 못하자 두 사단은 모든 중화기들과 차량들을 버리고 흩어져서 산줄기를 넘어 후퇴했다. 2개 사단이 제대로 싸우지도 못하고 무너진 현리 전투는 6.25전쟁에서 한국군의 가장 치욕적인 패배였다.

중공군의 공격에 대비해 밴 플리트는 포병 화력을 증강시켰다. 그는 평시 탄약 사용량보다 무려 다섯 곱절이나 많은 탄약을 사용하도록 허용했다. 중공군의 공격이 시작되자 밴 플리트는 전투지경선을 조정해서 병력을 동쪽으로 이동시켰다. 아울러 무너진 한국군 구역을 방어하기 위해 서울 가까이 있던 미군 3사단을 투입했다.

1951년 4월의 중공군 '5차 공세 1단계'에서 6사단의 행적은 더할 나위 없이 수치스러웠다. 당시 아군이 중부 전선에서 고전하게 된 것은 거의 전적으로 미군 9군단의 좌일선 부대로서 화천 서쪽 지역을 맡았던 6사단의 무능 때문이었다.

4월 22일 60사단은 6사단의 허술한 방어망을 쉽게 뚫었다. 좁은 퇴로를 도망치는 한국군 병사들과 장비들이 막는 바람에 그들을 지원하던 미군 포병들도 중화기들을 모두 버리고 철수할 수밖에 없었다.

장도영 사단장과 사단 참모들의 노력 덕분에 23일 낮에는 6사단의 흩어진 병사들의 상당수가 다시 모였다. 가까스로 부대 꼴을 되갖춘 6사단은 가평 지역의 방어 임무를 맡았다. 23일 일몰 바로 뒤 중공군 60사단과 118사단이 다시 6사단을 공격했다. 6사단은 싸우지도 않고 다시 무너졌다. 병사들은 가평천 지역을 방어하던 영국군 27여단의 후방에서 멈췄다. 24일 아침 장도영 사단장은 4,000 내지 5,000명의 병사들로 부대를 재편성하고 있다고 9군단장 호지(William M. Hoge) 소장에게 보고했다. 싸움 한 번 해보지도 못하고 사단 병력의 반이 없어진 것이었다. 두 차례의 싸움에서 한국군 6사단은 아예 없느니만 못했다.

궤멸적 패주를 가까스로 수습한 6사단은 4월 27일 용문산 일대에 주둔했다. 장도영 사단장은 장병들의 정신 무장과 사기진작에 힘을 쏟았다. 다행히 사단이 더할 나위 없이 치욕적인 패배를 했다는 사실이 오히려 명예를 되찾겠다는 장병들의 다짐을 굳게 했다.

중공군의 예상되는 공격에 대비해서 5월 13일 장도영 사단장은 부대를 새로 배치했다. 19연대를 주저항선인 용문산 서북쪽에 배치하고 7연대를 동북쪽에 배치해서 일선을 형성했다. 그리고 2연대를 홍천강 남안으로 진출시켜 전초 부대로 삼았다. 이처럼 예비 부대를 후방이 아닌 전방에 미리 투입하는 작전 계획은 아주 특수한 것으로 교리에 어긋났지만 그것은 실은 그 동안 중공군과 여러 번 싸워서 얻은 교훈에 바탕을 두었다. 중공군은 으레 우세한 병력을 이용해서 침투와 돌파로 아군 퇴로의 요소를 미리 차단했다. 그런 전술에 후퇴로 대응하는 것은 거의 필연적으로 패주를 불렀다. 장 사단장은 진지를 고수하고 우세한 화력으로 중공군의 피해를 강요하는 대응책이 오히려 낫다고 판단한 것이었다. 예상대로 중공군이 전초부대인 2연대를 포위하면 주저항선의 나머지 2개 연대가 중공군을 뒤에서 공격한다는 것이 작전의 핵심이었다.

이처럼 특수한 작전 계획의 성공에서 결정적 요소는 전초부대로서 중공군에게 포위된 채 진지를 고수해야 하는 2연대의 전투력이었다. 2연대가 전방으로 떠날 때 장 사단장은 "본 전투의 성패 여하는 각 장병들의 보국일념에만 달려있다. 끝까지 진지를 고수하고 돌입하는 적을 박멸하여 부조의 기대에 부응하고 자손만대의 행복을 찾아 청성의 전통을 세우도록 하라."고 훈시했다. 당시 2연대 1대대 1중대 2소대장이었던 전제현 중위는 뒷날 이렇게 술회했다.

"우리 연대가 전진진지로 출발하기에 앞서 사단장의 지엄한 훈시가 있었으며 연대의 장병들도 또한 사창리 전투의 오욕을 씻기 전에는 살아서 돌아올 생각을 버리자고 다짐하면서 각자 철모에 '결사'라고 써 붙이고 일산 트럭 5대에 실탄과 식량을 만재하였으며 심지어는 소대장과 중대장까지도 뒤축 없는 양말에다 식량을 넣어서 목에 걸고 출동하였다."

5월 18일 밤부터 6사단에 대한 중공군의 본격적 공격이 시작되었다. 이 작전에 동원된 부대들은 187사단과 188사단으로 이들은 홍천강을 건너 2연대를 공격하기 시작했다. 2연대 예하 부대들은 사주방어를 통해 진지들을 고수하면서 화력 지원을 받아 잇따라 밀려오는 중공군을 물리쳤다. 6사단 27야전포병대대의 직접 지원과 미군 7사단과 24사단의 포병 화력에다 9군단 포병의 지원을 받으면서 2연대는 중공군에 큰 손실을 강요했다.

아군의 저항이 예상 밖으로 완강하자 중공군은 2연대 지역이 아군의 주저항선이라고 판단했다. 그래서 19일 새벽부터 187사단과 188사단의 주력을 투입해서 2연대를 공격했다. 낮에는 공군의 지원을 받을 수 있었으므로 아군의 화력은 더욱 강해졌고 중공군의 손실은 더욱 커졌다. 그러나 중공군은 물러나지 않고 이 날 밤에는 63군의 예비 부대로 청평에 머물던 189사단까지 투입해서 공격해왔다.

중공군의 강한 압박을 받은 2연대는 전방 대대들을 연대 본부 둘레로 집결시켜 사주방어진을 만들고 물러서지 않았다.

2연대의 이런 작전은 우세한 화력으로 공격해오는 적에게 손실을 강요하는 미군의 전술을 모범적으로 따른 것이었고 큰 성공을 거두었다. 기세가 꺾인 중공군은 19일 자정에 공격을 멈추고 전선에서 물러났다.

5월 20일 새벽 마침내 장도영 사단장은 공격 명령을 내렸다. 주저항선을 지키던 7연대와 19연대는 이내 공격에 나섰고 기습을 당한 중공군은 조직적인 반격을 하지 못한 채 큰 손실을 입었다. 그래서 이 두 연대는 단숨에 2연대의 위치까지 진격했다. 19일 07시부터 20일 18시까지 6사단은 4,912명의 적군을 사살했고 9명의 포로를 얻었다. 아군의 공격에 힘이 부친 중공군은 5월 21일 03시에 북쪽으로 물러나기 시작했다. 6사단은 중공군을 추격하면서 후위작전을 편 중공군 2개 연대를 깨뜨리고 홍천강 이남 지역을 완전히 장악했다.

중공군의 대규모 공세에 대해 증강된 화력으로 대응한 밴 플리트의 결정은 크게 성공적이어서 중공군은 큰 손실을 입었다. 아울러 중공군의 구조적 취약점인 보급의 불충분은 싸움이 주로 산악 지역에서 있었다는 사실 때문에 더욱 치명적이 되었다. 미군 2사단의 분전과 돌파된 지역의 방어에 투입된 미군 3사단의 신속한 기동은 동부 전선을 빠르게 안정시켰다. 그래서 한국군 3군단 지역을 중공군이 휩쓸어도, 밴 플리트는 그리 걱정하지 않았다. 오히려 적군이 아군 지역 속에 만든 "긴 부대(Long Bag)"의 목을 조여서 섬멸하는 작전을 구상했다.

5월 20일 밴 플리트는 미군 1군단, 9군단 그리고 미군 10군단의 좌일선 부대인 미군 1해병사단에 전진 명령을 내렸다. 문산에서 춘천에 이르는 전선에서 진격이 순조로우면 적군의 발진기지인 철원, 김화, 평강의 '철의 삼각지대(Iron Triangle)'를 향해 진격하면서 도로들의 교차점들을 미리 점령해서 '긴 부대'의 목을 조이려는 계획이었다. 아군의 진격은 계획보다 그다지 늦지 않았지만 결국 부대의 목을 조이는 데는 실패했다. 중공군의 퇴각이 예상보다 훨씬 빨랐기 때문이다.

당시 펑더화이가 고를 수 있는 방안들은 예비 부대들을 투입해서 공세를 계속하는 것과 전선에서 물러나는 것이었다. 그는 후자를 골랐다. 중공군의 손실이 큰 상황에서 공세를 계속하는 것은 국제연합군 지역 깊숙이 진격한 중공군 부대들을 더욱 큰 위험에 빠뜨리는 일이었다. 그는 중공군에게 공세 이전의 전선인 화천 저수지 선까지 물러나라는 명령을 내렸고 중공군은 최소한의 후위 작전 부대들만을 남기고 빠르게 전선에서 물러났다.

그러나 중공군이 무사히 북쪽으로 탈출한 것은 아니었다. 중공군의 퇴로를 화천저수지가 가로막아서 중공군 부대들의 행렬은 저수지를 돌아가는 도로들에서 길어졌고 이들은 아군의 좋은 표적이 되었다. 미군 9군단의 구역에서 중공군이 입은 손실만도 6만 2,000명으로 추산되었다.

아군의 전반적 반격에 맞추어 6사단도 패주하는 중공군을 쫓아 북상했다. 5월 24일 07시에 홍천강을 건넌 6사단은 도망치는 중공군 부대들을 따라잡고 전과를 올렸다. 마침내 5월 28일 사단은 최종 목표인 화천저수지에 이르렀다. 용문산 전투와 이후 전투들에서 6사단이 거둔 전과는 대단했으니 사살한 적군은 1만 7,177명이고 포로는 2,183명이었다. 아군의 손실은 전사 107명, 전상 494명 그리고 실종이 33명이었다.

중공군의 '5차 공세 2단계' 작전으로 1951년 5월 후반에 벌어진 큰 싸움에서 용문산 전투의 몫은 그리 크지 않았다. 중공군의 주공이 한국군 3군단과 미군 10군단의 동쪽 부대들인 한국군 7사단과 5사단을 향했고, 한국군 부대들이 무참하게 무너진 뒤 방어 임무는 주로 미군 10군단의 2사단과 서울 근처에서 기동해서 돌파된 한국군 구역에 투입된 미군 3사단에 지워졌다. 6사단의 주력인 7연대와 19연대가 2연대를 포위한 중공군을 공격해서 승리를 거둔 5월 20일 중공군 부대들은 이미 전날에 후퇴 명령을 받아서 물러나기 시작했고 아군도 전반적 반격에 나선 터였다. 그래서 큰 전과에도 불구하고 용문산 전투가 당시 전황에 직접 미친 영향은 작았다.

그러나 보다 높은 차원에서 살피면 용문산 전투는 전쟁의 흐름에 큰 영향을 미쳤음이 드러난다. 무엇보다도 이 전투에서 한국군은 처음으로 중공군에 크게 이겼다. 1950년 10월 중공군의 '1차 공세'에서 한국군이 걷잡을 수 없이 무너진 뒤 한국군은 한 번도 중공군에 이긴 적이 없었다. 한국군 부대들은 중공군의 공격이 시작되면 뿔뿔이 흩어지는 것이 상례였다. 용문산 전투에서 중공군을 크게 깨뜨렸다는 사실은, 그것도 1951년 4월 중공군의 '5차 공세 1단계'에서 제대로 싸우지도 못하고 무너져서 전황을 어렵게 만들었던 6사단이 그런 전과를 거두었다는 사실은 한국군 장병들의 가슴에서 중공군에 대한 두려움을 말끔히 씻어냈다.

전투에서 이긴 과정도 자신감을 더해주었다. 장도영 사단장은 예비 부대인 2연대를 전투 직전에 전초 부대로 주저항선 앞에 배치하는 작전을 폈다. 1개 연대를 스스로 적군의 포위 속에 놓는 작전이었다. 그리고 2연대는 이틀 동안 압도적으로 우세한 중공군의 공격을 막아내면서 진지를 지켰다. 중공군이 병력을 모두 투입한 뒤에야 비로소 아군 주력으로 적군의 배후를 공격했다. 이런 작전은 진지를 고수하면서 평시의 다섯 곱절이나 되는 화력으로 적의 손실을 강요한 밴 플리트 사령관의 전술에 기습의 요소를 더한 멋진 작전 계획이었고 결국 크게 성공했다.

용문산 전투는 한국군의 전력 향상에 심리적으로만이 아니라 실질적으로도 기여했다. 한국군의 전력이 유난히 약했던 요인들 가운데 하나는 중화기의 부족으로 인한 화력의 절대적 열세였다. 그러나 미군 지휘부는 한국군 포병의 증강을 허가하지 않았다. 한국군이 무너지면서 중공군에 중화기들을 넘겨주는 일이 너무 자주 일어났기 때문이다. 실제로 포로가 된 중공군 27군 사령부 정치요원은 중공군이 한국군을 집중적으로 공격한 이유들 가운데 하나가 "한국군을 포위 공격하면 한국군에게 지급된 우수한 무기들과 장비들을 얻을 수 있다."는 사실이었다고 진술했다. 그래서 한국군의 화력의 열세가 한국군의 전력의 열세를 부르고 그런 전력의 열세가 한국군 화력의 증강을 막는 악순환의 고리가 형성되었다.

당시 한국군의 전력 증강은 시급했다. 이승만 대통령은 그 일을 미군 지휘부에게 요구했지만 위에서 설명한 사정 때문에 부정적 반

응만 얻었다. 치욕적 패배를 거듭한 6사단이 용문산 전투에서 크게 이기자 한국군의 능력에 대한 미군 지휘부의 생각은 달라졌고 한국군의 증강을 시도한 이승만 대통령에게 힘을 실어주었다. 실제로 그 뒤로 한국군의 증강은 빠르게 진행되었다.

3부

한국이 필요로 한 영웅

15장

휴전 회담

1951년 4월 11일 국제연합군 총사령관 맥아더 원수는 트루먼 대통령에 의해 갑작스럽게 해임되었다. 그의 해임은 자체로 중요했을 뿐 아니라 미국의 정치에도 큰 영향을 미친 사건이었다.

맥아더가 해임된 까닭은 그가 6.25전쟁을 '제한전(Limited War)'으로 치르려는 트루먼 정권의 정책에 드러내놓고 반대한 것이었다. 한국에 침입했던 북한군이 국제연합군에 의해 궤멸되었을 때 갑자기 중공군이 한반도로 침입해서 국제연합군은 전반적으로 밀리고 있었다. 당시 미국은 중국보다 힘이 월등했다. 따라서 싸움을 전면전으로 확대하고 원자탄을 사용하면 미국은 중국을 쉽게 이길 수 있었다. 북한군이 남한을 불법적으로 침입했고 중공군은 국제연합군을 공격했으므로 미국은 그런 확전을 정당화할 도덕적 및 군사적 명분도 있었다. 그러나 트루먼 대통령과 합동참모본부는 그럴 생각이 없었다.

트루먼 정권은 두 가지 이유에서 중국에 대한 전면전을 꺼렸다. 먼저 미국의 우방들이 확전과 원자탄 공격에 반대했다. 특히 애틀리(Clement Richard Attlee)의 노동당 정권이 들어선 영국은 이념적 성향과 홍콩의 안보에 대한 고려 때문에 줄곧 중국에 대해 유화적 태도를 보였다. 다음으로 트루먼 정권은 중국에 대한 원자탄 공격이 소련의 서유럽에 대한 보복을 부를까 걱정했다. 당시 미국은 소련보다 17배나 많은 원자탄들을 보유했지만 트루먼 정권은 '제3차 세계대전'을 일으킬 위험이 있는 일들은 극력으로 피했다. 그런 위험을 무릅쓰기엔 한국은 너무 작고 미국의 이해에 그리 중요하지 않은 나라였다.

그러나 이런 태도는 본질적 모순을 안았다. 맥아더가 그의 회고록에서 지적한 대로 "소련이나 중공의 개입은 한국에 개입한다는 애초의 결정에 내재한 위험이었다." 뒤늦게 그것을 걱정하는 것은 비논리적이었다. 차분히 따지면 소련이 한국에 개입할 가능성도 낮았다. 무엇보다도 시베리아를 가로지르는 긴 철도 하나에 의지한 소련의 보급로는 너무 부족하고 공격에 취약했다. 소련이 다른 지역에서 개입할 가능성도 그리 높지 않았다. 그 점에선 맥아더의 판단이 트루먼 정권의 그것보다 현실적이었던 것으로 보인다. 인천 상륙작전과 흥남 철수작전을 지휘했고 휴전 회담에서 국제연합군을 대표했던 조이 제독도 “중국에 대한 공격이 소련의 개입을 부르리라고 생각한 미군 장군들은 한 사람도 없었다.”고 회고했다.

어쨌든 맥아더는 트루먼 정권의 전략이 치명적 오류라고 판단했다. 그는 제한전이 “새로운 그리고 피를 더 흘리는 전쟁을 부를” 따름이라고 주장했다. 그는 제한전이 이미 국제연합군의 사기를 떨어뜨렸다고 지적했다.

그가 대안으로 내놓은 전략은 중국에 대한 전면전이었다. 만주의 비행장들을 공격하고 중국 연안을 봉쇄하고, 대만의 국민당군을 동원해서 중국 본토에 전선을 형성한 다음 50개가량의 원자탄을 중국 도시들에 투하하는 것이었다. 제한전을 적극적으로 옹호했던 리지웨이도 그의 회고록에서 중공군이 미군을 기습 공격했을 때는 원자탄의 사용을 포함한 전면전을 펴는 것이 정당화될 수 있었다고 인정했다.

이 과정에서 맥아더는 거듭 공개적으로 대통령의 지시를 어겼다. 치명적이었던 것은 그가 합참의 지지를 얻지 못했다는 사실이었다. 합참의장 브래들리는 의회 청문회에서 중국에 대한 전면전은 서유럽을 소련의 위협에 내맡기는 일이라고 말했다. 중국과의 전면전은

"잘못된 곳에서 잘못된 시기에 잘못된 적과 치르는 잘못된 전쟁(The wrong war at the wrong place at the wrong time and with the wrong enemy)"이 되리라는 그의 주장에 맥아더는 적절히 대응하지 못했다. 의회 청문회가 끝나자 맥아더에 대한 미국 사회의 지지는 사라져버렸다.

1951년 봄 리지웨이의 전략이 주효해서 전황이 안정되자 미국은 휴전을 모색하기 시작했다. 중국의 인적 자원이 막대하다는 것이 드러나면서 승리의 가능성은 사라진 터였고 미국 시민들은 이미 전쟁에 염증을 느끼고 있었다.

그러나 중국은 미국의 그런 모색을 무시했다. 대신 일방적으로 자신에게 유리한 조건을 제시했다. 국제연합군의 한반도에서의 철수, 타이완의 중국으로의 귀속, 중국의 국제연합에서의 지위 보장과 같은 조건들은 미국으로선 도저히 받아들일 수 없는 것들이었다.

1951년 5월 중공군의 마지막 공세가 실패하자 국제연합은 중국이 휴전에 보다 호의적이리라고 판단했다. 6월 초 국제연합 사무총장 리(Trigve Lie)는 다시 평화 회담을 제안했다. 중공군의 태도가 바뀌었으리라는 국제연합의 판단은 틀리지 않았다.

"한국에서, 중공군은 그들의 전사에서 전례가 없는 전투들을 하고 있었다. 전략적으로 마오의 군사 교리가 지시한대로 그들은 전략적 방어로 시작해서 교착된 전쟁을 거쳐 전략적 반격으로 점차 바꾸어야 했다. 전술적으로 그들은 위치전(positional battles)이 아니라 유연한 이동 전쟁을 치르도록 되어 있었다. 그러나 방어적 태세를 유지하는 대신 중공군은 내리 다섯 차례의 공세 작전들을 폈고 그 가운데 어느 것도 군사 지도자들이 기대한 성과를 거두지 못했다. 특히 '5차 공세'에서 중공군이 맞본 좌절은 미국/국제연합 군대가 그들의 병력을 보전할 수 있었을 뿐 아니라 중공군에게 큰 손실을 입힐 수 있었음을 가리켰다. 1951년 늦봄에, 중공군 지도자들은 전쟁이 오래 끌리라는 사실을 인식한 듯했다."

—슈(Shu Guang Zhang)

『마오의 군사적 낭만주의(Mao's Military Romanticism)』

중공군 수뇌부에서 나온 이런 변화를 반영해서, 6월 23일 소련 외무부 부장관 겸 주국제연합 대사 말리크(Jacob Malik)는 리의 제안에 호응해 한반도에서 평화를 이룰 수 있다고 방송에서 말했다. 그는 "38도선에서 상호적 철군을 주선하는" 방안을 제시했다.

6월 30일 미국 정부의 지시를 받은 리지웨이는 중공군 사령관에게 보내는 방송 메시지에서 국제연합군은 휴전 협상을 위해 대표단을 파견할 의사가 있다고 밝혔다.

며칠 뒤 공산군 측에서 개성에서 화담하자고 제의했다. 마침내 7월 8일 개성에서 양측 연락관들이 만났다. 그리고 그 회담에서의 합의에 따라 7월 10일에 양측 휴전 협상 대표단이 개성에서 만나 공식적 휴전 협상에 들어갔다.

개성에서 휴전 협상이 시작되면서 양측은 결정적 승리를 위한 기동을 자제했다. 그래서 전선은 큰 변동이 없었고 전선을 지형에 맞게 '정리'하는 소규모 작전들이 나왔다. 반어적으로, 그런 작전들은 큰 인명 피해를 양측에 강요했다. 전술적으로 중요한 고지들을 놓고 다투니 인명 피해가 클 수밖에 없었고 휴전 협상에서의 열세를 걱정하는 판이라 어느 쪽도 물러서려 하지 않았다. '피의 능선(Bloody Ridge)' '단장의 능선(Heartbreak Ridge)' '저격 능선(Sniper Ridge)' '불모 고지(Old Baldy)'와 같은 슬픈 이름들은 '전선을 정리'하는 소규모 전투들에서 생겨났다. 비록 더할 나위 없이 치열했고 인명 손실도 컸지만 그런 작전들은 전황에 큰 영향을 미칠 수는 없었다. 오히려 중요한 싸움들은 개성과 판문점의 협상 테이블에서 나왔다.

첫 협상에 나선 국제연합군 대표단은 수석 대표인 조이 해군 중장과 8군 부참모장 호디즈(Henry I. Hodes) 육군 소장, 극동 공군 부사령관 크레기(Laurence C. Craigie) 공군 소장, 극동 해군 부참모장 버크

(Arleigh A. Burke) 해군 소장 그리고 한국군 1군단장 백선엽 소장이었다. 이들은 모두 야전에서 활약한 군인들로 정치적 경험은 전혀 없었다.

공산군 대표단은 북한군 총참모장 겸 부수상 남일 대장, 전임 상업성 부상으로 북한군 정찰국장인 이상조 소장, 북한군 1군단 참모장 장평산 소장, 중공군 15병단(집단군) 사령관 덩화 중장, 중공군 동북군구 정치부장 시에팡(謝方) 소장이었다. 이들은 야전 경험도 많았지만 정치적 경험도 많았다.

국제연합군 사령부는 대표단에게 협상 의제를 군사적 사항들에 한정하라고 지시했다. 중국이 정치적 의제들을 포함시키려고 시도할 가능성이 높았기 때문이다.

국제연합군 사령부의 우려대로 노련한 정치적 경험을 지닌 대표단을 보낸 공산군 측은 정치적 의제들까지 포함하려고 시도했다. 그래서 의제에 합의하는 과정이 예상보다 훨씬 험난했다. 협상이 시작된 날 밤에 문산리에 모인 국제연합군 측 언론 기자들은 휴전 협상에 걸릴 기간에 대해 내기를 걸었다. 가장 '비관적'인 기자들은 협상 타결까지 6주가 걸리리라고 걸었다. 양측 대표단이 의제에 타협하는 데만 2주가 걸렸다.

트루먼 정권의 희망과는 달리 제한전은 이내 중국과의 휴전을 불러오지 못했다. 휴전 협상이 시작된 뒤 전쟁은 두 해 동안 이어졌다. 협상에서 공식적으로 장애가 된 것은 중공군과 북한군 포로들의 강제 송환 여부였다. 그러나 실질적 장애는 제한전과 휴전 협상이 병행되는 상황에선 중국이 미국의 확전을 걱정하지 않게 된 것이었다. 인명 피해를 걱정하는 미국과 달리 중국은 인명 피해가 많이 나는 전쟁을 선호했고 미국의 막강한 전력이 모두 동원되지 않는 제한전은 중국의 그런 태도에 맞는 전쟁 형태였다.

미국이 원자탄을 사용할 뜻이 없고 제한전을 지향한다는 것을 중국은 일찍부터 알고 있었다. 미국 정부의 의도에 관한 정보가 샌 곳은 분명히 영국이다. 당시 영국의 노동당 정권은 소련의 첩자들이 많이 침투했었다. 게다가 영국은 전쟁에 참가한 동맹국으로서 미국의 판단과 결정에 큰 영향을 미쳤다. 특히 원자탄의 사용을 적극적으로 말렸다.

중국이 휴전 회담을 지연시키자 미국은 맥아더의 전략을 진지하게 검토하기 시작했다. 맥아더 원수가 국제연합군 최고사령관 직위에서 물러난 지 몇 달 지나지 않아서의 일이었다. 1952년 1월엔 트루먼 대통령 자신이 중국의 태도에 변화가 없으면 맥아더가 주장한 전략을 실행하겠다는 최후 통첩을 소련에 보내자고 제안했다. 석 달

뒤엔 합동참모본부가 원자탄의 전술적 사용을 추천했다. 당시 리지웨이의 후임으로 국제연합군을 지휘한 클라크(Mark W. Clark) 대장도 원자 무기를 사용하는 계획을 미국 정부에 건의했다. 트루먼의 후임자인 아이젠하워(Dwight David Eisenhower) 대통령은 협상이 깨졌을 때 원자 무기를 사용하는 방안을 진지하게 검토했다.

영국 경제사가 퍼거슨(Niall Ferguson)은 맥아더의 주장이 전략적 타당성을 지녔었을 가능성을 제기했다.

"중국으로 하여금 포로들의 자발적 송환 문제에서 마침내 물러서도록 설득한 것은 바로 이런 뒤늦은 위협이었을 수 있다. 만일 그렇다면, 맥아더의 주장은 적어도 부분적으로는 입증된 셈이다. 제한전은 전쟁의 종결을 이루는 데 성공하지 못했다. 원자전으로의 확대의 위협만이 성공했다. 맥아더의 주장을 번복함으로써 트루먼과 합동참모본부는 자신들도 모르는 새 전쟁을 두 해 넘게 연장시켰다."

– 퍼거슨,

『거인: 미국 제국의 대가(Colossus: The Price of America's Empire)』

트루먼 대통령이 인식하지 못했던 것은 중국 공산당 정권이 미국과의 대결을 피할 수 없다고 보고 준비해왔다는 사실이었다. 중국 역사학자 천지안(陳兼)의 지적대로 "한국 위기에 대한 베이징의 전략은 처음부터 성격에서 공격적이었다." 원자탄을 쓰지 않는다고 트루먼 정권이 미리 자신의 선택을 제약한 것은 중국의 전략에 스스로 말려든 일이었다.

그래서 미군의 사상자들의 60% 가량이 맥아더 원수가 해임된 뒤 이어진 제한전에서 나왔다. 인명에 관한 한 제한전은 제한적이 아니었다.

결국 미국은 이길 수 있었던 전쟁을 비기고 끝냈다. 엄청난 희생을 치르고서도 막상 얻은 것은 너무 적었다. 거의 무너졌던 북한은 되살아났고 한반도는 영구적으로 분단되었다.

1952년 5월 12일 리지웨이는 동아시아의 국제연합군 최고 사령관 직위를 클라크 대장에게 넘기고 막 태동한 북대서양조약기구(NATO)를 관장하는 유럽 연합군 최고사령관(Supreme Allied Commander)으로 부임했다. 그의 전임은 아이젠하워 원수였다. 리지웨이는 NATO의 군사적 능력을 향상시키는 데 크게 공헌했다.

1953년 2월 11일엔 8군 사령관이 밴 플리트 중장에서 테일러(Maxwell D. Taylor) 중장으로 바뀌었다. 1953년 여름이 되자 휴전의 가능성은 커졌고 싸움도 부쩍 치열해졌다. 전선의 상황이 바로 협상에 영향을 미치므로 협상 막바지에서 양측이 조금이라도 더 유리한 상황을 만들려고 총력을 기울였기 때문이다.

마침내 1953년 7월 27일 오전 판문점에서 휴전협정 조인식이 열렸다. 한국은 휴전에 거세게 반대했으므로 한국군 대표는 조인식에 참석하지 않았다. 1012시 국제연합군을 대표한 해리슨(William K. Harrison) 미군 중장과 공산군을 대표한 남일 북한군 대장이 각기 자기 편 사령관이 서명한 「휴전협정서」에 서명하고 교환했다. 이어 조선인민군 총사령관 김일성 원수, 중국지원군 사령관 펑더화이 원수 그리고 국제연합군 최고사령관 클라크 대장이 각기 자기 근무지에서 서명했다. 클라크 대장은 27일 오후에 문산리에서 서명했다. 그리고 이날 22시에 한국의 온 전선에서 총성이 멎었다.

3년 1개월에 걸친 치열하고 참혹한 전쟁에서 양측 모두 큰 인명 손실을 입었다. 국제연합군은 43만 7,996명의 손실을 입었는데, 한국군 28만 명, 미군 14만 886명, 다른 나라 군대들 1만 7,190명이었다. 공산군의 전투 손실은 160만 명으로 추산되는데, 60퍼센트가 중공군으로 추산된다. 공산군의 질병으로 인한 비전투 손실은 40만 명으로 추산된다. 민간인 손실은 더욱 커서 300만 북한 주민들과 50만 남한 주민들이 죽었다고 추산된다.

이처럼 참혹한 재앙이었지만 6.25전쟁이 끝난 뒤 남북한은 대체로 비슷한 지역을 영유하게 되었다. 그래서 미군의 공식 전사는 6.25전쟁을 무승부라고 평가했다. "적군의 승리 주장에도 불구하고, 한국에선 승리가 (정치적이든 군사적이든) 없었다. 잘해야, 결과는 무승부라고 불릴 수 있다."(허미스Walter G. Hermes, 『휴전 천막과 싸우는 전선 Truce Tent and Fighting Front』)

'세계 경찰' 노릇을 해 온 미국의 입장에서 보면 도전해온 라이벌인 중공군을 제압하지 못했으므로 그런 평가를 내리는 것이 자연스러울 것이다.

그러나 전쟁의 당사자들이면서도 전쟁 초기에 조연으로 밀려난 남북한의 입장에선 얘기가 다를 수밖에 없다. 남북한의 입장에선 정치적 고려가 평가의 결정적 요소이기 때문이다. 여기서 평가 기준이 될 만한 것은 "전쟁은 다른 수단들을 뒤섞어서 정치를 지속하는 것이다."라는 폰 클라우제비츠(Carl von Clausewitz)의 자주 인용되는 얘기다. 그런 뜻에서 살피면 한국을 군사적으로 병탄하려 시도했으나 목적을 이루지 못했으므로 북한은 패배했다. 침입한 북한군을 물리쳐 나라를 지킨다는 목적을 이루었으므로 한국은 승리했다.

16장

한국이 필요로 한 영웅

1953년 8월 17일 리지웨이는 콜린스 대장의 후임으로 육군참모총장이 되었다. 그러나 아이젠하워 원수가 대통령이 된 뒤 리지웨이와 아이젠하워 사이엔 군사적 전망의 차이 때문에 자못 긴장된 관계가 형성되었다. 리지웨이는 공군력과 원자탄의 효과에 대해 상당히 회의적이었고 소련의 점점 커지는 위협에 대응하려면 강력하고 기동성이 높은 지상군이 필수적이라고 판단했다. 그래서 그는 아이젠하워 대통령이 제안한 육군 병력의 대대적 감축에 반대했다. 자질과 신망이 높았음에도 불구하고 대통령과의 긴장된 관계 때문에 리지웨이는 육군 참모총장을 연임하지 못하고 1955년 6월 30일 퇴임했다. 퇴임 뒤에도 그는 아이젠하워의 정책을 비판했다.

그는 1956년에 자서전 『군인: 매튜 리지웨이의 회고록(Soldier: The Memoirs of Matthew B. Ridgway)』을 펴냈고 1967년엔 『한국전쟁(The Korean War)』을 펴냈다. 사회 활동을 활발히 했고 중요한 군사적 및 외교적 결정을 앞둔 미국 대통령들에게 조언했다. 1993년 7월 그는 피츠버그 교외의 집에서 98세로 영면했다.

브래들리는 중공군의 개입으로 위태롭던 상황을 리지웨이가 반전시킨 업적을 "미군의 역사에서 발휘된 가장 큰 개인적 지도력"이라고 평가했다. 리지웨이 자신은 지도력이 성격, 용기 그리고 능력으로 이루어진다고 여겼다. 그는 원만한 성격, 차분한 용기 그리고 뛰어난 능력을 갖춘 지휘관이었다.

한국전쟁이 '잊힌 전쟁'이 된 1986년 5월 12일 리지웨이에게 대통령 자유 메달(Presidential Medal of Freedom)을 수여하면서 레이건(Ronald Reagan) 대통령은 "영웅들은 그들이 필요할 때 나옵니다. 위대한 사람들은 용기가 드문 것처럼 보일 때 앞으로 나옵니다."라고 말했다. 당시 위급한 처지에 놓인 한국은 정말로 영웅을 필요로 했다. 그 영웅은 리지웨이라는 지휘관으로 나왔다. 비록 우리는 너무 빨리 그 영웅을 잊었지만.

참고 문헌

국방부 전사편찬위원회 (1972): 『한국전쟁사』, 국방부.

김점곤 (1973): 『한국동란』, 광명출판사.

김준엽 (1963): 『중국최근세사』, 사상계사.

(1973): 『중국공산당사』, 문명사.

박명림 (1996): 『한국전쟁의 발발과 기원』, 나남.

백선엽 (1989): 『군과 나』, 시대정신 (2009 재발간).

정하명 외 (1987): 『한국전쟁사』, 육군사관학교.

神谷不二 (1990): 『朝鮮戰爭』, 中公文庫.

兒島 襄(1984): 『朝鮮戰爭』, 文藝春秋.

Appleman, Roy E. (1961): South to the Naktong, North to the Yalu, Office of the Chief of Military History, Department of the Army.

Chen, Jian (1994): China's Road to the Korean War: The Making of the Sino-American Confrontation, Columbia University Press.

Cowart, Glenn C. (1992): The Evacuation of X Corps from the Hungnam Beachhead, University of South Carolina Press.

Ferguson, Niall (2004): Colossus: The Price of America's Empire, The Penguin Press.

Granfield, Linda (2003): I Remember Korea: Veterans Tell Their Stories of the Korean War, 1950~53, Clarion Books.

Gries, Peter Hayes (2004): China's New Nationalism: Pride, Politics, and

Diplomacy, University of California Press.
Gugeler, Russell A. (1987): Combat Actions in Korea, University Press of the Pacific (2005).
Halberstam, David (2007): The Coldest Winter: America and the Korean War, Hyperion.
Hastings, Max (1987): The Korean War, Simon and Schuster.
Heinl, Jr, Robert Debs (1968): Victory at High Tide: The Inchon-Seoul Campaign, The Nautical & Aviation Publishing Company of America (1979).
Hermes, Walter G. (1965): Truce Tent and Fighting Front, University Press of the Pacific (2005).
Joy, C. Turner (1955): How Communists Negotiate, The Macmillan Company.
Langley, Michael (1979): Inchon Landing: MacArthur's Last Triumph, Times Books.
MacArthur, Douglas (1964): Reminiscences, Fawcett Publications, Inc. (1965).
Owen, Joseph R. (1996): Colder than Hell: A Marine Rifle Company at Chosin Reservoir, Ballantine Books (1997).
Paik, Sun Yup (1992): From Pusan to Panmunjom, Potomac Books, Inc.
Ridgway, Matthew Bunker (1967): The Korean War, Da Capo Press (1986).
Russ, Martin (1999): Breakout: The Chosin Reservoir Campaign, Korea 1950, Penguin Books.
Shu, Guang Zhang (1995): Mao's Military Romanticism: China and the Korean War, 1950~1953, University Press of Kansas.
The Chosin Few (1989, 1993): The Chosin Few: North Korea Nov- Dec 1950, Turner Publishing Company.
Utz, Curtis A. (1994): Assaults from the Sea: The Amphibious Landing at Inchon,

Naval Historical Center.

Westad, Odd Arne (2003): Decisive Encounters: The Chinese Civil War, 1946~1950, Stanford University Press.

Westwell, Ian (2002): 1st Marine Division: 'The Old Breed', Ian Allan Publishing.

리지웨이, 대한민국을 구한 지휘관

펴낸날 **초판 1쇄** **2014년 6월 25일**
초판 3쇄 **2015년 5월 30일**

지은이 **복거일**
펴낸이 **김광숙**
펴낸곳 **백년동안**
출판등록 **2014년 3월 25일 제406-2014-000031호**

주소 **경기도 파주시 광인사길 30**
전화 **031-941-8988**
팩스 **070-8884-8988**
이메일 **on100years@gmail.com**

ISBN 978-11-952638-9-9 04300

※ 값은 뒤표지에 있습니다.
※ 잘못 만들어진 책은 구입하신 서점에서 바꾸어 드립니다.

이 도서의 국립중앙도서관 출판시도서목록(CIP)은 서지정보유통지원시스템 홈페이지(http://seoji.nl.go.kr)와 국가자료공동목록시스템(http://www.nl.go.kr/kolisnet)에서 이용하실 수 있습니다.(CIP제어번호: CIP2014012425)

책임편집 · 교정교열 **홍훈표**